समय को देखने का सही नजरिया

TIME INVESTMENT NOT TIME MANAGEMENT

ABHISHEK GUPTA

INDIA • SINGAPORE • MALAYSIA

ISBN 979-8-89277-263-1

विषय सूची

आभार

हर उस व्यक्ति का जिसने मुझे समझने का प्रयास किया और उन महान लोगों का भी जिसेसे मैंने सीखा और मेरे प्रथम गुरु मेरे बाबा जी आदरणीय श्री अमरनाथ गुप्ता जी इनके द्वारा मैंने सीखा है कि व्यापार की दुनिया में या जीवन के किसी भी क्षेत्र में हो वहां उस कार्य को कैसे करना है और उसमें भी उत्कृष्ट के साथ कैसे करना है मैं अपनी किताब मेरे बाबा जी को समर्पित करता हूं।

मैं अपने माता-पिता का भी आभार प्रकट करता हूं जिन्होंने मुझे किसी भी कार्य को करने से कभी भी नहीं रोका और मेरे हमसफर का भी जिसने मुझे मेरा काम पूरे करने की प्रेरणा मिली और मैं इस सफर में बहुत बार हार भी और बहुत बार ऐसा विचार भी मेरे मन में आया कि मैं नहीं कर पाऊंगा पर अपनों के साहस और प्रेरणा के कारण मैं आज ये सब कर पाने में सफल हो पाया।

और एक व्यक्ति जिसे मैं मिल नहीं पाया पर शायद उनका ही संदेश था जिसके कारण मैं अपनी जिंदगी में इतना बड़ा परिवर्तन कर पाया।

वह मेरी जिंदगी में मेरे दूसरे गुरु महान मोटिवेशनल स्पीकर श्री संदीप महेश्वरी जी का जिनके एक वचन ने मेरे अंदर से कुछ कर गुजरने की आग को चिंगारी दी जिससे कि मैं इतना सामर्थबान बन पाया कि मैं यह सोच सकू की मैं अपनी सोच से भी बड़े सपने में देख सका हूं और मेरे अंदर इतनी क्षमता दी कि मैं उसे पूरा कर पाया और सभी का जो मेरे साथ रहे और हर स्थिति में मेरा भरसक सहयोग किया।

धन्यवाद!

प्रस्तावना

श्याम और राघव बहुत ही अच्छे दोस्त थे इतने अच्छे दोस्त की हर चीज़ और हर काम को आपस में बांटकर ही किया करते थे। जो हमेशा एक साथ रहे एक साथ जीवन का आरंभ किया साथ में बड़े हुए में खेले कूदे और जीवन के सफर में निरंतर आगे बढें और सफलता के लिए दोनों ने साथ में प्रयत्न किए वहीं राघव ने अपने जीवन में अत्यधिक सफलता हासिल की, जीवन में हर क्षेत्र में जिसकी भी जरूरत थी वो उसे मिली एक अच्छा परिवार, एक अच्छा स्वास्थ्य, एक अच्छा बिज़नेस, एक अच्छा सामाजिक और व्यावहारिक जीवन और वही उसका दोस्त भी था। जो उसका साथी तो था मगर हमेशा धक्के खाता रहा। उसके पास अपनी जीवन में बस जीवन यापन करने लायक सुविधाएं ही थी। ना कोई एस, न कोई आराम, रात दिन भागना और हमेशा पछताना न तो उसका स्वास्थ्य ठीक रहता था,और न उसके परिवार में इतनी संतुष्टि का भाव था। जिससे वो अपनी जीवन में आनंद का अनुभव कर सकें। ऐसे ही श्याम का जीवन चलता जा रहा था। एक दिन अचानक उसकी तबियत इतनी बिगड़ गई की उसे अस्पताल में भर्ती कराना पड़ा। अचानक जब श्याम को होश आया तो अपने दोस्त को बुलाने के लिए अपने परिवार से कहने लगा इतने दिन जो बीत गए थे श्याम और राघव को मिले हुए। आज श्याम को उसकी सभी बातें याद आ रही थी और वो जिद किए जा रहा था उसे बुलवाने की जब उसने ज्यादा जिद की तो उसके परिवार वालों ने उसे बुलाने का प्रयत्न किया और जैसे ही राघव से संपर्क हुआ राघव ने पूछा क्या मेरा दोस्त बीमार है ऐसा कहकर वो शॉक रह गया और तुरंत आने का कहकर फोन काट दिया।

जैसे ही राघव अस्पताल पहुंचा अपने दोस्त को देखकर चौंक गया क्योंकि ऐसा न था उसका दोस्त हमेशा से खुश रहने वाला आज इतना

लाचार उसे देखकर वो भी अपने आंसू रोक नहीं पा रहा था, और राघव उसे देख कर रोने लगा। और रात भर उनकी तरफ यूं ही देखता रहा और उसके जागने का इंतज़ार करता रहा, तभी अचानक श्याम को होश आया और अपने दोस्त राघव को देख कर फूट-फूट कर रोने लगा और कहने लगा, अरे दोस्त तुम कहाँ थे बहुत अच्छा लगा तुम्हें देखकर आज चैन आया है तुम्हारी बहुत याद आ रही थी मगर इस भागदौड़ में तुम कहाँ खो गए, पता ही नहीं चला, कहां हमारी दोस्ती चली गई, मुझे कुछ मालूम ही नहीं चला बो हमारी पढ़ाई के दिन जब हम साथ रहते थे, और आज तुम्ह देखो अरसा बीत गया है।

तभी राघव उसे चुप करा कर उसके पास बैठ जाता है और वे दोनों आपस में बातें करने लगते हैं। धीरे-धीरे श्याम ठीक होने लगता है और और कुछ दिन ऐसे ही चलता है।

फिर श्याम धीरे धीरे थोड़ा ठीक होने लगता है तो राघव वहाँ से जाने को कहता है, और श्याम उससे जिद करता है, की रुक जाओ यार और मुझे भी बताओ कि आखिर तुम्हारी सफलता का राज़ क्या है, आखिर कहाँ से तुम्हें सोने की बो चाबी मिली जिसने तुम्हें इतनी सफलता तक पहुंचा दिया, और आज तुम वो सब कुछ अपने पास लिए हो जिसकी मैं अपने जीवन में सिर्फ चाहती करता हूँ कि काश मेरे पास वो सब हो और, मैं भी तेरे जैसा बनना चाहता हूँ मेरे दोस्त, इतना रहकर श्याम में राघव का हाथ पकड़ लिया। इतना सुनकर राघव ने कहा अच्छा ठीक है, तो मैं अब तुम्हें अपनी सफलता का राज़ बताऊँगा जिसका की अनुसरण करके मैंने अपने जीवन में सफलता पाई है, और तुम भी वो सफलता पा सकते हो।

देखो श्याम वैसे तो मैं जाने वाला हूँ मगर आज तुम मुझसे इतना कह रहे हो तो मैं रुक जाता हूँ, और आज से लगातार 7 दिन मैं तुम्हें बताऊँगा की आखिर मैंने अपने जीवन में सफलता कैसे हासिल की, किस तरह से जीवन को जिया, कैसी विचारधारा के साथ कार्य किया, समस्याओं के समाधान के लिए क्या किया और ऐसा कौन सा रास्ता था, जिसमें चलकर मैं सफल हो पाया इसलिए तैयार हो जाओ तुम इस सफर पे चलने के लिए मैं तुम्हें हर रोज़ नई सीख और जीवन का एक मंत्र समझाऊंगा जिसपे

चलकर की मैं अपने जीवन में सफल हो पाया, और जो कोई भी इच्छुक अपने जीवन में सफल होने के लिए इन नियमों का पालन करेगा। वो भी अपने जीवन में सफल हो सकता जाएगा, और अपने जीवन में धन, अच्छा स्वस्थ, पारिवारिक खुशी और हर वो चीज़ जिसकी वो कामना करता है, उसे पा सकता है, तो ठीक है तुम तैयार रहना कल से सफलता के इस रोमांच कारी सफर पर चलने के लिए।

श्याम - ठीक है

“न्यायपूर्ण प्रकृति का दिया हुआ वरदान जो हम सभी के पास बराबर बिल्कुल एक समान है;

वह है “समय ”

दिन - पहला

Time Investment

Not

Time management

पहला दिन:-

अगली सुबह से ठीक 8:30 का समय हुआ था, कि श्याम ने खिड़की से देखा कि उसका दोस्त राघव अपनी लग्जरी गाड़ी से अपने चार बॉडीगार्ड के साथ उसके पास बड़ा चला आ रहा था। इतने में बो थोड़ा हैरान हुआ की उसने तो अभी अपनी नींद ही पूरी कर पाई और मेरा दोस्त अपने कहे अनुसार इतनी सुबह सुबह आ गया। जैसे ही राघव ने उसके कमरे का दरवाजा खटखटाया, श्याम ने बड़ी ही उत्सुकता के साथ पूछा, राघव कहीं तुम्हारी सफलता का राज टाइम मेनेजमेंट तो नहीं है, कि तुम्हारा हर काम निश्चित और पहले से तय समय से होता है, शायद इसलिए तुम इतने सफल हो पाए जिंदगी में कि तुम अपने हर काम को उसके निर्धारित समय पे करते हो और ज्यादा से ज्यादा करते है, इसलिए आज भी तुम इतने सुबह सुबह ही मेरे पास आ गए, इतने में राघव ने कहा अरे रुको मेरे दोस्त थोड़ा सब्र करो, सब्र का फल बहुत मीठा और टिकाऊ होता है। व्याकुलता जीवन में उथल पुथल लाती है, इसलिए सुनो सब्र ही जीवन है। सब्र ही तुम्हारे जीवन में विकास को देखने का मार्ग है, जीवन की सबसे पहली सीख जो मैं तुम्हें अभी चाहिए, कोई भी ज्ञान ऐसा नहीं है। जिसे सिर्फ उत्सुकता से सुन लेने भर से आपके जीवन में परिवर्तन आ जायेगा, या उसे समझ लेने से आपके जीवन में परिवर्तन आ पायेगा, परिवर्तन तो आपके जीवन में तभी संभव है जब आप सब्र के साथ किसी खास विचारधारा पे कार्य करेंगे, और जब उस विचारधारा से रिज़ल्ट उत्पन्न होंगे तो आप व्याकुल नहीं होगे और बड़ी सावधानी के साथ उस पर चिंतन करेंगे, रिजॉल्ट चाहे पॉजिटिव हो या निगेटिव, परिणाम कुछ भी हो सकता हैं।

अचानक राघव रुका और कुछ सोचते हुए कहा, अरे श्याम पहले हालचाल उसके बाद तुम पूछो और मैं तुम्हारे सारे सवालों का जवाब दूंगा,

क्योंकि जब तक तुम पूछोगे नहीं तब तक तुम मेरे साथ घुल मिल नहीं पाओगे।

श्याम - आज बिल्कुल ठीक और तरोताजा लग रहा है, अब डॉक्टरों ने भी कह दिया है कि चिंता मत करो तुम बिल्कुल ठीक हो और आज तुम्हारी छुट्टी कर देंगे।

राघव - धन्यवाद भगवान का अब बताओ, तुम्हारे जीवन में क्या चल रहा है श्याम और जो तुम अभी टाइम मैनेजमेंट के बारे में कह रहे थे क्या तुमने किया है कभी टाइम मैनेजमेंट।

श्याम - हाँ बहुत बार बहुत सुना है, बहुत बार कोशिश की रोज़ नई नई तकनीकों के साथ कभी सोचा अपने जीवन के हर पल का हिसाब रखूँगा, कभी सोचा समय का ब्लॉक बनाकर कोशिश करू, कभी सोचा एक दिन पहले अपने कामों की लिस्ट बना लूँ, कभी ये कभी वो आखिर मैंने इतनी कोशिश की और इतनी बार कि, अब कोई असर नहीं होता, मैं हमेशा कुछ दिन टाइम मैनेजमेंट करने के बाद हताश हो जाता और अब तो मैंने ये मान लिया है, कि शायद समय प्रबंधन मेरे बस की बात नही और न ही मुझसे कुछ भी हो पायेगा।

अरे रुको श्याम इतने क्यों घबराते हो, आज मैं तुम्हें सबसे पहली सिख समय की ही दूंगा, की आखिर समय प्रबंधन कैसे किया जाए जिससे तुम्हारे अंदर ये विचार ना आए की मुझसे नहीं होगी झंझट।

श्याम - क्या तुम सही कह रहे हो वास्तव में कोई ऐसा रास्ता भी है, जिसपर चलकर मैं समय प्रबंधन कर सकता हूँ।

राघव - बिलकुल है पर सबसे पहले तुम्हे समय के बारे समझना होगा,आखिर तुम जिस तरह से समय को देखते हो ये बिल्कुल ऐसा नहीं है, समय एक ऐसी व्यवस्था है जो हम सभी के पास बिलकुल बराबर और समान रूप से उपयोगी है। बस हमारी कार्यशैली हमारे लिए हमारे परिणाम उपलब्ध कराती है ,समय एक नदी की धारा के समान है, जो हर पल वही जा रही है, चाहे आप कितना भी प्रयत्न कर लें अपने समय को रोक के रखने, की मगर आप कभी भी समय की धारा को रोक नहीं सकते, इसलिए

याद रखो जब समय एक धारा के समान है और बंधन मुक्त है, तो उसे मैनेज कैसे कर सकते हो, चाहे कोई भी तकनीक लगाओ वो तो गुजर जाएगा इसलिए ब्लॉक बनाओ तो वो नहीं बनेगा, तुम एक - एक मिनट का हिसाब रखो, तुम्हें इसका हिसाब हमेशा बेचैन रखेगा, चाहे कुछ भी तुम समय के बारे में पहले से फिक्स रखोगे, तो वैसा होने वाला नहीं है, क्योंकि किसी कार्य के होने कि, या तुम किसी समस्या मैं पड़ोगे इसकी कोई भविष्यवाणी नहीं कर सकता और तुमने अपनी टू डू लिस्ट में अगर कोई भविष्यवाणी कि और पूरी न हुई तो तुम खुद पश्चाताप से भर जाते हो, और तुम्हारा सारा मोटिवेशन भी धरा रह जाता है इसलिए मैं बताता हूँ कि समय प्रबंधन संभव ही नहीं है और चाहे कोई भी रास्ता अपनाओ समय का प्रबंधन नहीं हो सकता।

बड़े ही आश्चर्य के साथ श्याम ने पूछा - अरे क्या कह रहे हो मेरे मित्र तो आज तक मैं गलत रास्ते पर ही था,तभी मैं कहूं की मुझमें कोई कमी तो नहीं है पर फिर भी मैं समय प्रबंधन में इतना कच्चा क्यों हूँ।

तो क्या आज तक समय प्रबंधन का गलत प्रचार किया जा रहा है।

राघव - समस्या यह नहीं है कि समय प्रबंधन का गलत प्रचार हो रहा है। समस्या है कि हम किसी भी तरह से सफल हुए व्यक्ति पर आंख बंद करके भरोसा कर लेते हैं, और उसने हमसे जो कहा है, हम उसे मानने लगते है, उसने कहा मैंने 18 घंटे काम किया तो आप परेशान मैं ऐसा क्यों नहीं कर पा रहा हूँ 18 घंटे काम तो मैं फेल हूं, ऐसा नहीं समय प्रबंधन एक तरह से आपकी गलत समझ का नतीजा है, कि आपकी व्याकुलता को कुछ शांति मिले हाँ इसकी कुछ तकनीकी विशेष परिस्थितियों में आपके लिए काम भी कर सकती है, मगर पूर्ण रूप से आप टाइम मैनेजमेंट नहीं कर सकते ना आपके लिस्ट के सारे काम हो सकते हैं, और न ही आप अपने समय को ब्लॉक करके उससे काम निकलवा सकते है, इसलिए इसका गलत प्रचार नहीं बस आपको अच्छी लगे ये बताया जा रहा है। नही तो भटकते रहेंगे।

श्याम - अरे तो आज तक मैंने जो किया बो सब गलत था, इतने दिनों तक इस रास्ते पर चलने की कोशिश करता रहा जहाँ न तो कोई रास्ता है और न ही सफलता की कोई उम्मीद थी।

चलो मान भी लिया है कि तुम ठीक कह रहे हो और समय का नष्ट होना इसकी मूलता है तो मुझे ये भी तो मालूम होना चाहिए कि आखिर मैं अपने समय का उपयोग कैसे कर सकता हूँ? कैसे मेरा समय ही मेरे लिए कार्य करें जिससे मुझे जीवन में वो सबकुछ मिल सके जिसकी मैं अपने जीवन में कामना करता हूँ?

राघव - अरे तुम डर क्यों रहे हो तुमने जो आज तक किया खराब नहीं है पर इतना कारगर भी नहीं है जो कि तुम्हारी सोंची हुई बातों को पूरा कर पाए और जितनी तुम सफलता चाहते हो उतनी मिल पाए,तो चलो मैं तुम्हें अपने ही जीवन से ही सीखाता हूँ आखिर क्या रास्ता हैं जो जीवन में उपयोगी है, तो बात है जब हम दोनों एक ही कक्षा में साथ- साथ पढ़ते थे, मुझे इस बात की शुरू से ही बहुत रुचि थी कि आखिर सफल लोग अपने जीवन में क्या करते हैं, और मैं तभी से अपने जीवन में सफलता संबंधित हर तरह की संभावनाओं को बहुत ही सावधानी से लेता उन पर गौर करता,जो चीजें उपयोगी नहीं है उन पर व्यर्थ समय बर्बाद नहीं करता और मुझे यह बात उस समय ही यह बात समझ आ गयी थी, कि समय को कंट्रोल नहीं किया जा सकता मगर हम अपनी रूचि में अपने समय का निवेश करें तो हमें वास्तव में वो परिणाम मिल सकते हैं जिसकी हम कामना करते हैं।

तभी श्याम अचानक बोला समय निवेश ये क्या बला है, समय निवेश आखिर इसे अपने जीवन में कैसे उतारा जाए और कैसे ये जीवन पर काम करती है?

राघव - तुम बहुत उतावले हो और थोड़ा धैर्य से सुनो मैं सब कुछ बताऊँगा -।

श्याम - ठीक है तुम बताओ? मैं शांत हूँ।

राघव - तो सुनो समय निवेश ये एक ऐसी प्रक्रिया है जो तुमसे इस बात की कोई शर्त नहीं रखती की तुम्हे हर समय बस इसका ख्याल रखना है। बस तुम्हे ये समझना है कि तुम्हें जीवन में जो कुछ भी पाना है, या बनना है कुछ भी बस आपको उसके लिए अपने समय का निवेश करना है और आप जीवन में सफलता पा लेंगे, क्या तुम्हें पता है, श्याम एक प्रशिक्षित

खिलाड़ी इतना सटीक सा से चीजों को कैसे करता है, एक कुशल कारीगर इतनी कुशलता से चीजों को कैसे तरास्ता है, या एक कुशल बिजनेसमैन अपने व्यापार की हर परिस्थिति में सही फैसले कैसे लेता है क्योंकि वे सब अपने समय को उस खेल, कारीगरी, और व्यापार में निवेश करते हैं उस व्यवस्था में इस्तेमाल होने वाली हर परिस्थिति का अभ्यास अपने आपको उस काम में बेहतर बनाने के लिए करते हैं इसलिए वो सफल है। वैसे हर व्यक्ति के जीवन में हजारों सपने हैं, और इस जीवन में अनंत संभावनाएँ हैं पर तुम हर संभावनाओं को नहीं जी सकते, बस कुछ अफसरों का इस्तेमाल करके अपने सपने को पूरा जरूर कर सकते हो, कुछ चीजों पे फोकस के साथ किया निवेश आपके जीवन के सारे रिज़ल्ट को उत्पन्न करेगा और तुम्हारे जीवन को पूर्ण बनायेगा। जैसे तुमने सुना होगा समय धन है पर नहीं, सही समय का सही उपयोग धन है। इसलिए अगर तुम्हें कुछ भी करना है, तो उसके सही समय पर जो काम तुम्हारे लिए महत्वपूर्ण है उसे करो और तुम्हें जीवन में अपने कार्यों के परिणाम मिलेंगे। जैसे श्याम मुझे मिले हैं मैंने कुछ बरसों तक अपने बिज़नेस बनाने से पहले अपने समय का निवेश उसकी एक एक बारीकी मानसिक स्तर और भौतिक स्तर पर सीखी, उसका सारा ज्ञान और सारी समझ जब मैं सीखता रहा तो मेरा व्यापार मेरे लिए आसान हो गया और आज मैं अपने जीवन में सफल हो गया।

श्याम - बहुत उत्सुकता से वह राघव को देखता हुए मगर मुझे ये समझाओ आखिर समय का निवेश कैसे किया जाए।

राघव - समय निवेश का सीधा मतलब है अपने जीवन को हर क्षेत्र में मजबूत बनाने का एक सतत प्रयास, चाहे वो क्षेत्र पैसे का हो चाहे आपके स्वास्थ्य शरीर का हो, चाहे आपके पारिवारिक और सामाजिक संबंधों का हो चाहे आपकी संतुष्टि से पूर्ण जीवन का भाव हो, आपको कुछ भी चाहिए जीवन में आपको सिर्फ अपने समय में उस कारकों से संबंधित सभी पहलुओं में निवेश करना होगा जिससे कि आपके अंदर इतनी क्षमता विकसित तो सके कि आप अपनी जिंदगी में विकास कर सके। क्योंकि निवेश बेहद सरल प्रक्रिया है इसके लिए आपको चुने रास्ते पर धीरे धीरे कार्य आरंभ करना होगा जैसे ही आप किसी भी कार्य को करना आरंभ करते हैं तो उस कार्य

की समझ आपके अंदर विकसित होने लगती है और आप उसमें महारथ हासिल कर लेते हैं।

श्याम - अच्छा यानी अब मैं समझा कि मेरे जीवन में जो सपने हैं या मेरे जीवन में जो कमी है, मुझे बस उनके लिए कुछ निर्धारण समय रोज़ देना है, जिससे मैं सफल हो पाऊं, क्या यही है हमारे समय का हमारा निवेश जो आज धीरे धीरे जुड़कर हमारे लिए बड़े और बेहतर परिणाम बनाएगा।

राघव - हाँ तुमने बिल्कुल सही समझा निवेश ज्यादा की नहीं बल्कि रोजाना कुछ जोड़ने की मांग करता है।

श्याम - हाँ वो तो ठीक है, पर क्या हर कार्य को अभी करना जरूरी है या आज ही करना जरूरी है क्योंकि मुझे तो भी बहुत जीना है।

श्याम हँस पड़ा...

राघव - श्याम परिणाम हमेशा निरंतरता[continuity]के कारण उत्पन्न होते हैं, क्योंकि हर एक कार्य को करने का एक समय होता है, उसे टाइम लूप[time Loop] कहते है। और जब तक तुम किसी कार्य के टाइम लूप में नहीं जाओगे, तब तक तुम हमेशा लेट ही होते रहोंगे, चाहे तुम्हारी उम्र कितनी भी हो तुम्हें खत्म करने के लिए आरंभ करना ही होगा, इसलिए आज से आरंभ करो और जितना कर सकते हो फिर उतना ही करो क्योंकि टाइम निवेश आपको हर चीज़ का ज्ञान प्राप्त करा देंगे।

श्याम - टाइम लूप अब समझ आया कि अपने लक्ष्यों के कार्य को आज करने का क्या फायदा, चलो ये बताओ तो आखिर किसी को सफ़लता तुक्के से कैसे मिल जाती है, और मै हर बार क्यों रह जाता हूँ?

राघव - अच्छा तो तुम इसे तुक्का कहते हो नहीं ये तुक्का नहीं होता क्योंकि जो व्यक्ति किसी चीज़ को लेकर सतर्क और तैयार होता है वो बस उस अफसर को गटक लेता है, और तुम उसे तुक्का कहते हो, क्योंकि यदि तुम किसी के खेल की तैयारी कर रहे हो और उसमें कोई संभावना दिखी तो तुम्हारा सेलेक्शन हो सकता है क्योंकि तुमने उसके लिए समय का निवेश किया है और निवेश ने जादू किया और तुमने अफसर का लाभ उठा

लिया बस, क्योंकि निवेश एक ऐसा हथियार है जिसका इस्तेमाल अचूक है। क्योंकि इससे फर्क नहीं पड़ता तुमने आज क्या किया बल्कि इससे पड़ता है तुमने इसे पाने के लिए लगातार किया किया और यदि तुम लगातार एक ही काम में लगे रहते हो तो किसी ना किसी रूप में सफलता तुम से टकरा जाती है और तुम उसे तुक्का कहते हो।

श्याम - अच्छा चलो ये बताओ की आखिर मुझे कोन बताएगा की मुझे कितनी मेहनत करनी है, क्योंकि मैं कोशिश तो करता हूँ फिर भी सफल नहीं हो पाता और फिर मैं बीच में छोड़कर चला जाता हूँ आखिर मुझे कौन बताएगा कि मुझे कहा तक मुझे मेहनत करनी है। जब मुझे सफलता मिले जबकि मैं अपना पूरा भर्षक प्रयास करता हूँ और आखिर क्यों मैं हार मान लेता हूँ।

राघव - इसमें कोई समस्या तुम्हारी मेहनत करने या न करने से नहीं बल्कि समस्या है तुम्हारा बटकाओ क्योंकि जब तुम कोई काम करते हो जीवन में तो तुम्हें उस काम को छोड़कर दुनिया के हर काम में अपने लिए अपार सम्भावनाएं दिखाई पड़ती हैं, इसलिए तुम उत्सुक रहते हो और जैसे ही मौका मिलता है छोड़कर भाग जाते हो, जबकि ऐसा नहीं है सारी संभावना वहीं है जहाँ तुम हो और एक बार तुम ने इस विचार को अपने दिमाग में बैठा लिया तो तुम अत्यधिक सफल हो जाओगे क्योंकि फिर तुम हर बार नई मेहनत करने से बच जाओगे और अपने काम में ही सफलता पा लोगे, और उसे काम से अपने जीवन को पूर्ण बना लोगे और फिर तुम्हारी कि हुए हर मेहनत तुम्हारे जीवन में अत्याधिक चमत्कार उत्पन्न करेगी क्योंकि जब तुम एक जगह मेहनत करोगे तो तुम्हारी मेहनत निवेश का रूप ले लेगी और तुम्हारे जीवन में कुछ न कुछ बदलाव रोज़ जुड़ता जाएगा। और जब हम लगातार रोज़ नया गड्ढा खोदकर पानी की तलाश करते रहेंगे, तो नातो हमे पानी मिलेगा है और ना ही हमारी प्यास पूरी होती है। इसलिए बस तुम रुक जाओ और एक जगह ही निवेश करना आरंभ कर दो तो तुम्हारी मेहनत तुम्हें परिणाम देगी और तुम्हे ये भी जानने की जरूरत नहीं पड़ेगी कि मैं कितनी मेहनत पर रुक जाऊं क्योंकि जहाँ सफलता तुम्हें मिलेंगी तो तुम खुद ब खुद संतुष्ट हो जाओगे और तुम्हारी मेहनत तुम्हारे लिए जीवन हो जाएगी।

"साधना(कर्म की) एक ऐसी अवस्था है
जो हमें सफल होने के लिए
तैयार करती है "

दूसरा दिन:-

साधना(कर्म का शिदांत)

दूसरा दिन:-

हर रोज़ की तरह श्याम बहुत बेचैन रहा रात भर, नींद भी हल्की आई, राघव की बातों पर विचार करता रहा। आज अस्पताल से घर आए पहला ही दिन था मगर उसके दोस्त ने उसे आज गुजरात में कही बुलाया और कहा कि मैं आज तुम्हें एक ऐसी शख्सियत से मिलवाऊंगा। जिनसे मिलकर तुम आश्चर्य चकित रह जाओगे। और फिर तुम समझ जाओगे की सफल होने के लिए बहुत कुछ होना मायने नहीं रखता।

ऐसा सोचते सोचते बो उठा और उसने अपनी खिड़की से देखा कि एक चमचमाती और बेहद खूबसूरत कार उसके दरवाजे पर खड़ी है, उसे उसके सफर पर ले जाने के लिए तैयार जिसे उसके दोस्त ने खास उसके लिए भेजा है।

श्याम कार को देखकर चौकन्ना हो गया और तुरंत आने का कहकर तैयार होने चला गया। और आकर कार में बैठ गया बो अपने ही विचारों में खोया चले चला जा रहा था, और ड्राइवर भी उसेसे बिना कुछ कहे गाड़ी मंजिल की तरफ बढ़ाया जा रहा था, श्याम के मन में बहुत से सवाल हिलोरें मार रहे थे, कि आखिर राघव उसे क्या सिखाएगा किससे मिलबायेगा कहां मिलवाएगा। कन्ही वो उसके अमीर दोस्त तो नहीं है, या उसके घरवाले तो नहीं। आखिर किससे मिलवाएगा मुझे क्या सिखाएगा इन्हीं विचारों को लिए वो अपने विचार में खोया चला जा रहा था, तभी ड्राइवर ने कहा सर सर...

श्याम - चौंका उसने कहा हाँ हाँ

ड्राइवर - आपकी मंजिल आ गई और हम पहुँच गए सर।

श्याम - अच्छा ठीक है ,उसने देखा उसका दोस्त बाहार गेट पर ही उसका इंतजार कर रहा था, वो जहाँ था, न तो बहा कोई बिल्डिंग थी, और

न घर, बस एक साधारण सी झोपड़ी थी जिसके सामने उसने मुझे बुलाया था। और मैं यह सब देखकर दंग रह गया क्योंकि मैंने जैसा सोचा था वैसा कुछ न था वहाँ -

तभी राघव वहां आया और उसने अपने दोस्त श्याम को ज़ोर से गले लगा लिया और कहा कि कैसे हो मेरे दोस्त और ऐसा कहकर वे एक दूसरे के गले लगे -

श्याम - बहुत अच्छा हूँ मगर मुझे ये बताओ ये तुमने मुझे कहा बुलाया है। मुझे लगा कि किसी स्पेशल व्यक्ति से मिलवाओगे, मगर ये क्या तुम तो मुझे कहाँ लेकर आए जहाँ आस पास कुछ भी नहीं सिर्फ इस झोपड़ी को छोड़कर और ना ही कोई दिख रहा है जिससे तुम मुझे मिलवाने आये हो।

तभी राघव ने बीच में टोकते हुए - अरे रुको श्याम धीरे धीरे थोड़ा आराम से देखो मैं तुम्हें स्पेशल व्यक्ति से ही मिलवाऊंगा, बो यही रहते है थोड़ा धीरज रखो और मेरे साथ अंदर चलो। मैं तुम्हें एक कहानी सुनाता हूँ एक ऐसे व्यक्ति की जिसके पास न तो शारीरिक मजबूती और ना कोई फौज और ना कोई प्रोत्साहन प्रकृति का फिर भी उसके प्रयास से उसने लाखों की सेना वाले अंग्रेजों को मजबूर कर दिया देश छोड़ने को, बिना किसी का खून बहाए और बिना किसी से लड़ाई किए ,मैं बात कर रहा हूँ हमारे राष्ट्रपिता महात्मा गाँधी जी की जिनके पास हथियार के नाम पर एक लाठी और शरीर पे एक धोती उनकी सारी संपत्ति थी, फिर भी उनकी साधना की शक्ति ने अंग्रेजों की विशालकाए फौज को देश छोड़ने को मजबूर कर दिया, मैं आज तुम्हे उन्हीं से मिलवाने आया हूँ। बो रहे तुम्हारे सामने राष्ट्रपिता महात्मा गाँधी और इन्हीं की सीख देने के लिए मैंने तुम्हें आज साबरमती आश्रम गुजरात में बुलाया है।

श्याम - अच्छा पर ये बताओ गाँधी जी की कहानी से मुझे क्या लाभ बल्कि मुझे तो तुम ये बताने आये हो की आखिर सफलता हासिल करनी है। गाँधी और सफलता का क्या संबंध?

राघव - बात तो तुम्हारी ठीक है मगर गाँधी जी ने जो हमें सीख दी है वो है। साधना (कर्म का सिद्धांत) की कैसे हम अपने जीवन में साधना को

लाकर अपने आप को जैसा चाहे वैसा रूपांतरित कर सकते हैं और चाहे हम किसी भी परिस्थिति या किसी भी व्यवस्था में क्यों ना हो हम अपने जीवन में जैसा चाहे वैसा बदलाव कर सकते हैं, और इसके लिए हमें कोई बाहरी चीज़ ही नहीं बल्कि साधना[कर्म के सिद्धांत] की जरूरत है।

श्याम - साधना[कर्म का सिद्धान्त] आखिर ये क्या होती है, जो हमारे जीवन में सफलता के लिए इतना मायने रखती है। और जिसने एक साधारण व्यक्ति को इतना खास बना दिया।

राघव - साधना [कर्म का सिद्धांत] है जो कि हमें इस बात को बताता है कि यदि हमें अपने जीवन में किसी भी क्षेत्र में सफलता हासिल करनी है, तो हमें इस बात को समझना होगा कि हम जब तक किसी क्षेत्र में कर्म नहीं करेंगे तब तक सफल नहीं होंगे क्योंकि सफलता इस बात से निर्धारित नहीं होती है कि भगवान कोई चमत्कार करेंगे और हम सफल हो जाएंगे और ना ही इस बात पर निर्भर करती है की मुझे कोई शॉर्टकट मिल जाए और मैं सफल हो जाऊं मगर इस बात पर निर्भर करती है, कि हम कर्म कैसा कर रहे हैं। अपनी योजनाओं के प्रति। इस दुनिया का सिद्धांत है हमें जो कुछ मिलता है अपने जीवन में इसका कोई न कोई कारण होता है और यदि हमें अपने जीवन में वास्तव में वो परिणाम चाहिए जो बिलकुल हमारी सोच के सामान हो, तो हमारे पास सिर्फ एक ही रास्ता है बो है साधना [कर्म का सिद्धान्त], यदि गाँधी जी की बात करे, तो उन्हें जनता ने सिर्फ इसलिए पसंद नहीं किया क्योंकि वे वकील थे मगर इसलिए कि वे कर्म प्रिय व्यक्ति थे, जब वो दक्षिण अफ्रीका से लौटे थे तो उनके पास अपना सपोर्ट कहने को क्या था मगर उन्होंने उपलब्ध समय में कड़ी मेहनत की सारे आंदोलन चाहे छोटे हों या बड़े। बड़ी ही दिलचस्पी के साथ उसमें भाग लिया और कभी ये नहीं सोचा की मुझे जनसंपर्क समर्थन कैसे मिलेंगे। ऐसा करते रहे और लगातार करते रहें जहाँ तक उम्मीद थी पूरा काम किया तभी वो अपने जीवन में सफल हुए और सिर्फ लाठी के दम पर देश को आजाद कराया। वैसे ही हमारा जीवन है जब हमें स्वस्थ शरीर चाहिए, बहुत पैसा चाहिए या अच्छे पारिवारिक और सामाजिक संबंध चाहिए उसके लिए पहले हमारे पास बहुत कुछ उपलब्ध हो या भगवान का कोई हाथ ऐसा जरूरी नहीं

हमें तो कर्म करना है अपनी एक दिशा में और हमारे जीवन में किया हर कर्म हमारे लिए हमारे परिणाम बनाने में हमारी पूरी मदद करेगा और हम वास्तव में सफल हो जाएंगे।

श्याम समझो जैसे अगर तुम्हे एक बेहतरीन बंगला बनाना है तो तुम्हें उसके लिए अपना कर्म जो की सिर्फ़ एक के ऊपर एक ईंट रखना है उसको करना ही पड़ेगा जिसका उस समय शायद कोई परिणाम नहीं मगर जब हम ऐसा लगातार करते रहेंगे और समय का निवेश करके अपने टाइम लूप यानी(किसी कार्य में लगने वाले समय के चक्र) को पूरा कर लेंगे तो वास्तव में तुम्हारी साधना[कर्म का सिद्धान्त] तुम्हें परिणाम देगा और हमारा एक बेहतरीन बंगला बनकर तैयार हो जाएगा।

श्याम - अभी तक मैं यूं ही परेशान था कि मेरे पास ये नहीं वो नहीं या कोई मेरा साथ नहीं देता बल्कि मुझे आज समझ में आया है कि मैं अपना साथ खुद नहीं देता और इस बात की उम्मीद करता रहा कि मेरा कोई कर्म कर दें और मैं बिना कुछ किए सफल हो जाऊं चलो अच्छा तुमने मेरी आंखें खोल दीं ये बताओ कर्म का सिद्धांत लागू किस पे होता है।

राघव - साधना [कर्म का सिद्धांत] हर व्यक्ति पे लागू होता है, जो अपने जीवन में किसी न किसी चीज़ की उम्मीद करके से कर्म करता है, कि मुझे जीवन में ये चाहिए क्योंकि आपके चाहने भर से कुछ नहीं होता और ना ही ऐसा कोई शॉर्टकट रास्ता है जिसपे चल कर हम बिना कुछ करे सफल हो जाए। चुकी तुमरे जीवन में तुम्हारे पास हमेशा दो फैसले है, पहला कुछ ना करने का अपना समय व्यर्थ की बातों में लगाएं कि मेरी किस्मत खराब है तभी मैं सफल नहीं होता कोई मेरे कोई साथ नही, या मैं गरीब घर में पैदा हुआ, बगैरा बागैरा, और यदि आपको वास्तव में सफल होना है तो दूसरा रास्ता है साधना [कर्म के सिद्धान्त] का रास्ता यानी आपके चुनाव का रास्ता यानि की आपको जितना रास्ता देखे पहले वहाँ तक चलो उसके बाद आप जहाँ पहुँच गए, फिर जहाँ तक दिखें आप चलो क्योंकि कर्म जीवन में तभी सफल हो सकता हो जब तुम लगातार कर्म करते हो बिना फल की चिंता किए। और यदि तुम ऐसा नहीं करते तो आपके कुछ करने की जरूरत नहीं है जीवन तो कट ही जाएगा और इसमें अंतर सिर्फ इतना होगा कि

परिणाम आपको बो नही मिलेंगे जो आप अपनी जिंदगी में चाहते हैं। और तुम हमेशा परेशान और डिप्रेस्ड रहोगे।

श्याम - मुझे ये समझ आ गया कि साधना[कर्म के सिद्धांत]को जीवन में धारण करके मैं सफल हो सकता हूँ मगर मुझे ये तो बताओ कि आखिर इसका उपयोग करना कैसे है।

राघव - चूँकि मैं तुम्हें कर्म के बारे में बता रहा हूँ तो तुम इस बात को अच्छी तरह समझ लो की समय निवेश और साधना [कर्म का सिद्धांत] आपस में बड़ा ही बारीकी से गूथे हुए है, और साधना का परिणाम हमें समय में बहुत अच्छी और आश्चर्यजनक मिलते हैं, क्योंकि कर्म का सिद्धांत अपनी वास्तविकता(जो कुछ हमारे पास है) का उपयोग करने और सफल होने के लिए अपने उपलब्ध संसाधन(चाहे कितना काम पैसा या बिल्कूल नही) का उपयोग करने के लिए कहता है। और साधना(कर्म का सिद्धांत) के उपयोग के चार सिद्धांत है, या तो हम इन सिद्धांतों कर्म करने की कोशिश कर रहे हैं, या हम इन्हीं किसी सिद्धांत पर कर्म कर रहे हैं। और अगर एक बार तुम इन्हें अच्छे से समझ गए तो तुमे सफल होने से कोई रोक नहीं सकता और तुम फिर दोष देने से भी बच जाओगे।

श्याम - राघव मैं तो आज तक बड़ी ही गैरजिम्मेदारी के साथ अपने कर्म को करता रहा था, तो तुम मुझे इन चार सिद्धांतों के बारे में समझाओ तो मैं समझ सकूँ कि मैं कहा गलती कर रहा था और मुझे बदलाव कहा जरूरत है।

राघव-श्याम हमारे जीवन में किया हुआ हर कर्म हमारी इन्हीं किन्ही अवस्थाओं में से कहीं फिट बैठता है और यदि हम इन्हें अच्छे से समझ गए तो हमारे लिए कोई भी कार्य करना बहुत ही आसान हो और सुविधाजनक भी हो जाएगा, ये चार अवस्थाएं हैं। पहली हैं-नो वर्क, दूसरी है-वर्क, तीसरी है-हार्ड वर्क,और चौथी है, स्मार्ट वर्क।

श्याम - अरे नहीं ये अवस्थाएं कहा है, ये तो हम अपने कर्म को पुकारते हैं, वर्क मतलब कार्य करो, हार्ड वर्क मतलब मेहनत करो पसीना बहाओ और स्मार्ट वर्क मतलब की हर काम का कोई ना कोई आसान रास्ता ढूंढो जिससे तुम्हें कोई काम ना करना पड़े और हर काम आसानी से हो जाए और नो

वर्क बो जो काम नहीं करता है, बस और इशमे क्या खास है। और क्या नया है।

राघव - बस मेरे दोस्त मुझे तुमसे यही उम्मीद थी, की तुम इन्हीं तरह अपने कामो को करते हो।और तभी तुम इतने परेशान हो, नहीं मैं तुम्हें बताता हूँ की आखिर ये सभी अवस्थाएं हमारे ऊपर कैसे लागू होती है, और थोड़ा ध्यान से सुनो ज़्यादा बोलो मत और समझने की कोशिश करो -

सुनो श्याम नो वर्क[no work] एक ऐसी अवस्था है जिसमें शायद हम सब हमेशा ही रहते है, हमेशा कर्मकांड की बातें करते है, की किस्मत खराब है, कुछ नहीं होता चाहे कितनी भी मेहनत कर ले, हम हमेशा कोई लक्ष्य को बनाते हैं और उसपे सिर्फ इसलिए नहीं पहुंचते क्योंकि हम शुरुआत ही नहीं करते, और सिर्फ इस बात की उम्मीद करते है कि हर काम खुद ही हो जाएगा, इसलिए हम हमेशा कल पे टालते रहते है, और खुद को बेकसूर मानते हैं, अपने समाज को दोष देते हैं कि शायद कोई मेरा साथ नहीं देता ना मेरे घर वाले ना सरकार कोई भी जो हमे दिखता है हम अपना दोष उस पर डाल देते है, इनके कारण मैं सफल नही हुआ, वरना मैं सफल हो जाता, हम हमेशा बचते हैं और आज का काम कल पर टालते हैं और चाहे कितनी भी मेहनत और मोटिवेशन को जोड़ लें फिर भी कर्म नहीं करते, और जब भी कभी कर्म को करते हैं तो तब तक शुरू नहीं करते जब तक उस कार्य की अंतिम तिथि नहीं आ जाती, तो वो अवस्था है, नो वर्क की, जिसमें हम सिर्फ उम्मीद और आलस करते है इसलिए अगर हमें सफल होना है तो सिर्फ विचारों में न जीकर उससे बाहर निकलना होगा, और नो वर्क को छोड़ना होगा अगर मैं वही बंगले वाला उदाहरण दू तो हमें ईट पे ईट रखनी ही होगी, हम चाहें सौ बार मन मे सोचे चाहे किसी को भी दोष दे इससे हमारा बंगला नहीं बनेगा इसलिए हमे नोवर्क को छोड़ना ही होगा। और जब हम ईट पे ईट रखेगे तो बंगला खुद ब खुद बनने लगेगा।

कर्म की दूसरी अवस्था है, वर्क जो कि हमें किसी भी तरह के भविष्य को देखने या बीत गए समय की चिंता करने से दूर रखता है, किसी भी अवस्था को देखे बगैर इस बात को लेकर प्रेरित करती है कि सिर्फ कर्म करो फल की चिंता मत करो और चाहे आप को किसी कंपनी का सीईओ

बनना हो तो आपके आज अपनी कंपनी के प्रति दायित्व पूर्ण रूप से निभाना होगा, शायद इसकी इतनी कीमत नही है आज , चाहे आपको कोई अच्छी नौकरी पानी है, या आपको कोई satrtup शुरू करके, आपने आपको उद्यमी बनाना है, तो उसके लिए आपको आज कार्य करना होगा, उसके लिए आपको पढ़ना होगा, sartup के लिए धक्के खाने होगे, शायद इस पढ़ाई, या धक्कों का, आज कोई उपयोग नहीं है और ना ही इसका कोई मूल्य है मगर जब वो कर्म धीरे धीरे जुड़ेगा और आपके परिणाम देगा जैसे गाँधी जी हमेशा श्रम करते रहे और धीरे धीरे लोगों के साथ चलते रहे और लोग उन पर मर मिटने को तैयार हो गए। उसका सिर्फ इतना कारण था कि उन्होंने जीवन में कभी अपने कर्म को करना नहीं छोड़ा और जो सामने आया उसे करते गए, जरूरी या गैरजरूर, वैसे ही हमें जीवन में कुछ भी करना हो चाहें, खाना ही क्यों न खाना तब भी उसके लिए हमे कर्म करना ही पड़ेगा, हम नो वर्क की अवस्था में बैठकर सिर्फ सोच नहीं सकते की भोजन मेरे मुँह में आ जाए और मैं उसका स्वाद ले लू उसके लिए हमें अपने हाथों से भोजन को उठाना होगा और खाना होगा और कर्म ही एक ऐसी अवस्था है जो वास्तविकता में हमें सफलता दिलाती है जो ना हमें भविष्य के लिए अति उत्साहित करती है और ना ही बीतेकल के लिए दुखी वो हमें सिर्फ आज में जीने के लिए और आज से कुछ सीखने के लिए प्रेरित करती है।

कर्म की तीसरी अवस्था है हार्डवर्क पर इसका मतलब यह नहीं है कि तुम्हें गड्ढा खोदने हैं या फिर किसी भी रूप में मेहनत का मतलब शारीरिक स्तर पर नहीं बल्कि मानसिक और शारीरिक दोनों स्तर पर रहे हैं क्योंकि हम हार्ड वर्क को हमेशा गड्ढा खोदने और लगे रहने को कहते हैं बल्कि ऐसा नहीं हैं हार्डवर्क का मतलब जीवन का वो रास्ता जहाँ आपका कर्म आपको परिणाम तक पहुंचाने में सक्षम बनाए। जहाँ चाहे आप को कोई नकारे मगर आपको करते जाना है, हार्डवर्क मतलब आपको विचार के सारे रास्ते बंद हो मगर सिर्फ एक ही उम्मीद है के लिए सारे रास्ते पर चलते जाना और रुकने को स्वीकार नहीं करना है जब तक कि फैसला न आएं और हर परिस्थिति में साधना करनी है आपको अपने आप को भौतिक और मानसिक दोनों स्तर पर तैयार करना होगा जिससे आपको वास्तविक

सफलता मिलेगा और आप सफल हो सके आप निरंतर अपने कर्म को करते रहे हैं, जैसा महल के उदाहरण लो श्याम उसमें हार्डवर्क है कि कैसे हम ऊंची ऊंची दीवारों पर काम कर सको तुम्हे गिरने का डर ना हो कुछ भी जो तुम्हे रोकें तुम से नहीं होगा इस अवस्था को हार्ड वर्क कहते हैं और इस से तभी लड़ा जा सकता है जब हम लगातार कर्म करते है और हम जीत जाएंगे।

और वही स्मार्ट वर्क साधना (कर्म के सिद्धांत)की चौथी अवस्था है, जो आपको अपने काम में हर बारिकी को सीखने की आवस्था है। स्मार्ट वर्क ये नहीं कि किसी भी तरह का शोर्ट कट की उम्मीद करे जो आपको निर्थकता की ओर धकेले। बल्कि जब आप अपने नोबर्क से निकलकर वर्क से होते हुए हार्डवर्क तक पहुंचेते है।उसके बाद ही आपके लिए स्मार्टवर्क आता है जो कि आपके कर्म के बारीकियों को समझाता है जो भी चमत्कार आपको दिखाई पड़ता है, जो कि किसी और के लिए परेशानी आप के लिए रास्ता बन जाता है और जो आपकी समझ को और विकसित करने के लिए प्रेरित करता है आपके उपलब्ध क्षेत्र (जिसमे तुम कर्म कर रहे हो)की गहरी पकड़ बनाने के लिए प्रेरित करता है और जो आपके लिए रास्ता सुविधाजनक बनाता है, इसलिए आपको इस अवस्था का कोई शॉर्टकट नहीं मिलेगा इसका रास्ता लंबा है और आप इसमें समय में निवेश और साधना के सिद्धांत के साथ ही इस पर आ सकते हैं क्योंकि वास्तविक सफलता का शॉर्टकट नहीं होता शॉर्टकट बस दिखावा है जो आपके अंदर के उत्सुकता को बनाए रखता है और तुम्हें भटकाता है और कभी सफल भी नहीं होने देता क्योंकि ये आपको कर्म के सिद्धांत से भटकाकर शॉर्टकट ढूढने को कहता है, और इस दुनिया में सफलता का सिर्फ एक ही कट है बो है साधना कर्म का सिद्धार्थ। इसलिए ज्यादा ब्याकुल ना हो और सफलता पाने के लिए कर्म करो।

श्याम - राघव क्या बात बताई है तुमने। तभी तुम मुझे यहाँ लेकर आए हो जहाँ हर जगह शान्ति यह जो मुझे अपने कार्य के प्रति लगनशील रहने को प्रेरित करती है।

राघव - हाँ श्याम ये एक ऐसी जगह है जहाँ कर्म के सिद्धांत के वास्तविक स्वरूप महात्मा गाँधीजी रहते थे और निरंतर अपनी कर्म की बारीकियों के साथ बड़ी शांति और एकाग्रचित्त होकर कर्म करते थे जिसे आज हम

डीपवर्क कहते हैं जो कि आज की हमारी समस्या है कि हम डीपवर्क पर कैसे कार्य करे, जब आप साधना के इन चारों नियमों को अपने ऊपर लगाना आरंभ कर देंगे तो आप स्वतः ही डीप बर्ग में जाकर कार्यो को करने लगेंगे, क्योंकि अब आपके सामने जीवन के सारे अनुभव आपको हार्डवर्ग(निरंतरता) के लिए प्रेरित करेंगे और आप बिना किसी भी बाहरी परिस्थितियों से डिस्टर्ब हुए अपने कार्यों को लगातार करते रहेंगे फिर आपके अंदर धीरे धीरे क्रिएटिव्टी विकसित होने लगेगी जो कि यही डिपवर्क का परिणाम है।

श्याम - अच्छा बो सब ठीक है, तुमने मुझे जो बताया वो भी ठीक है, पर तो ये बताओ फिर मैं कुछ कर क्यों नहीं पाता और निरर्थकता क्यों बढ़ती जा रही है।

राघव - हाँ तुम्हारा सवाल बिल्कुल ठीक है कि आखिर निरर्थकता क्यों बढ़ती जा रही है, क्योंकि आज कल के मोटिवेशन के जमाने में हम हर समय इस बात की उम्मीद रखते हैं कि वो मेरे लिए कुछ करें और अपने ऊपर किसी भी तरह की उँगली न उठाए इसलिए हम हमेशा दूसरों की तरफ ऊँगली किये रहते है की क्योंकि मेरे पास एक कारण है इसलिए मैं कुछ नहीं कर पाया और दूसरा है आज कल हम स्मार्टवर्क इतना स्मार्टली करने की उत्सुकता में रहते हैं कि हम बस वो करना चाहते हैं जिसे करने से तत्काल रिज़ल्ट उत्पन्न हो, ना तो हम साधना कर्म के सिद्धांत को मानना चाहते हैं, और ना ही अपने जीवन में कुछ डेवलप करने के लिए समय में निवेश करना चाहते हैं वो तो हमे बिल्कुल अर्थहीन लगता है हमें अच्छा लगता है सिर्फ और सिर्फ स्मार्टली होना और हम करते है, शॉर्टकट ढूंढ के स्मार्ट बनने की कोशिश, हम कभी स्मार्ट नहीं होंगे जब तक हम अपने जीवन में कर्म के सिद्धांत को नहीं फॉलो करेंगे, हम तभी सफल होंगे जब हम साधना के चारों नियमों को मानेंगे क्योंकि शॉर्टकट आपको चोर बनाता है और आपको भटकाए रखता है।ये तुमसे कहता है की तुम जिस पेड़ पे बैठे हो वहा के अमरूद खट्टे हैं और दूसरे पेड़ के मीठे है इसी चक्कर में तुम निरर्थक स्मार्ट बने रहकर स्पीड से इस पेड़ से उड़ पेड़ के चक्कर लगाते रहते हो जबकि तुम्हें पता ही नहीं है कि अमरूद हर पेड़ पे मीठे है बस तुम्हे उन्हे उसी पेड़ पे ढूंढना होगा। बस तुम्हारे पास उसे ढूंढने की काबिलियत नहीं है।

श्याम - तुमने मुझे ये सब बताया आखिर में ऐसा कर क्यों नहीं पाता, मेरा मन हर बार लगता है मगर हर बार मोबाइल के कारण डिस्टर्ब हो जाता है चाहे मैं कुछ भी करूँ। जब मैं सोचता हूँ तब मैं अपने को मोबाइल में बिज़ी पाता हूँ।

राघव - अच्छा तुम्हारे डिस्टर्ब होने का मुख्य कारण तुम्हारे अंदर का उत्साह है जो तुम्हें हर चीज को तुरंत पाने के लिए प्रेरित करता है क्योंकि मोबाइल तत्काल तुम्हें आनंद देता है और तुम हर चीज़ को तुरंत पाना चाहते हो और छोटे छोटे कदमों से तुम्हें इस बात का एहसास नहीं होता कि तुम सफलता पा सकते हो। इसलिए तुम खुद ढूंढ लेते हो ऐसे साधन जो तुम्हें डिस्टर्ब करे मोबाइल का उपयोग बुरा नहीं है बल्कि अनियंत्रित उपयोग बुरा है और इसलिए तुम हर बार अपने आप को मोबाइल में कुछ करते पाओगे और वही अब तुम्हारी आदत बन चुकी है तो तुम्हारा जीवन उसी आदत को पुनः और पुनः दोहराएँ चला जाता है चाहे रात हो या दिन तुम्हें सिर्फ बाटकाओ याद रहता है और उसी तरह तुम्हारा मन जिससे तुमने चवन्नी मन बना लिया है जब तुम कोई निर्णय करके बैठते हो तो वो तुरंत खर्च हो जाता है और तुम अपने काम को छोड़कर भागते हो इसलिए समझो की तुम्हे अनुशासन में रहकर अपनी भावनाओं यानी चवन्नी मन को मजबूत करना है जो तुम्हें साधना के परिणाम तक ले जा सके और हर निर्णय के बाद तुरंत खर्च न हो जाए। इसलिए थोड़ा अनुसासन भी सीखो।

श्याम - राघव मेरे दोस्त मुझे तुम्हारा समय निवेश साधना के साथ समझ में आया मगर ये बताओ की मुझे आरंभ कहाँ से करना है।

राघव - अभी से और यहीं से जैसे भी हो तुम हो, क्योंकि बदलाव की जरूरत ही बो स्थिति है जहाँ से तुम आरंभ कर सकते हो गाँधी ने कहा था कि जो है उसका उपयोग करो जो नहीं है उसका हिसाब मत रखो जितना है काफी है आगे बढ़ने के लिए, और यदि स्थिति तुम्हारे अनुकूल और तुम्हारे हित में होती तो तुम कल्पना करोगे बदलाव की नामुमकिन क्योंकि तब तो तुम उम्मीद करोगे कि ऐसा होगा तब मैं करूँगा बल्कि तुम्हारा विचार होना चाहिए मैं साधना करके अपने जीवन में होने वाले हर खराब परिस्थितियों को ठीक करूँगा और जीवन को पूर्णता के साथ जीने के लिए

कर्म करूँगा, इस समय मूर्ख वह नहीं है नहीं जिसे भगवान ने अकल नहीं दी बल्कि मूर्ख बो है जिसके पास सब कुछ है पर वो शुरू करने से डरता है, और कुछ होने के बाद शुरू करेगा ऐसा सोचता है ना तो वो होगा जो उसे चाहिए और ना वो कर्म करेगा ना ही उसे सफलता मिलेगी, वो तो बस जीवनभर धक्के खाता रहेगा और दुनिया को दोष देता रहेगा इसलिए बुद्धिमान व्यक्ति की पहली निशानी अपने उपलब्ध संसाधन का उपयोग करना है अपने को आगे बढ़ाने से चूकना नहीं।

समझे श्याम गाँधी जी के पास मैं तुम्हें क्यों लाया हूँ क्योंकि अगर वो इंतजार करते तो आज तक हम गुलाम होते इसलिए जीवनभर याद रखो तुम्हें सफलता जब ही मिलेंगे जब तुम साधना करोगे।

श्याम बहुत अच्छे से समझ में आया और साधना का चमत्कार भी देख लिया चलो अभी शाम बहुत हो गयी है अब हम चलते हैं और कल कहा मिलने का इरादा है।

राघव - वो तो कल ही पता चलेगा अभी बताया ना थोड़ा सब्र करो -

श्याम अच्छा ठीक है और वे एक दूसरे के गले लगकर वहाँ से चले गए। रास्ते वर श्याम राघव और बापू के बारे में विचार करता रहा।।।

"एक पूर्ण और सिद्धांतबान जीवन में संतुलन का भाव है

जबकि

अति आपको भटकती और दुखी करती है।।"

दिन तीसरा:- (पूर्ण जीवन)

आज रात भर उसके विचार में बापू के आदर्श आते रहे बो सोचता रहा कि आखिर कैसा रहा होगा एक साधारण से व्यक्ति का जीवन आखिर इतने कम संसाधन होते हुए भी व्यक्ति कैसे अपने सपने को देश के प्रति पूर्ण दान कर देता है और सिर्फ अपने आदर्शों पर चलकर जीवन में वो सफलता की बुलंदियों पर पहुँच सकता है जिससे आज हमे खुली हवा में सांस लेने की आजदी है।

इन्हीं बातों को सोचता हुआ वो अपने बिस्तर से उठता है और रोज़ की तरह पंछियों की आवाज उसे सुनाई देती है, आज मौसम बहुत सुहाना था, और आसपास एक गहरी शांति थी और आनंददायक खुशहाली छाई थी जो उसे बहुत ही आकर्षित कर रही थी, तभी उसकी पत्नी उसे आवाज देती है, क्यों जी जाना नहीं है आज अपने दोस्त से जीवन की तीसरी शिक्षा लेने।

श्याम - क्यों नहीं बिल्कुल जाना है पर तुमने आज गौर किया की आज मौसम कितना सुहाना और कितना रोमांचित करने वाला है।

श्याम की पत्नी - हाँ वो तो है मगर आज आप अपनी सवारी आने से पहले तैयार हो जाइए और मैं नाश्ता लगा रही हूँ।

श्याम बिल्कुल क्यों नहीं तुम नाश्ते की तैयारी करो मैं यू गया और यूं ही आया।

श्याम आज मैं बहुत खुश हूँ

श्याम - अपनी पत्नी से शायद ये मेरा बहुत अच्छा समय चल रहा था जब मैं बीमार हुआ तभी तो मेरा दोस्त मेरे से मिलने आया और उसने मुझे जीवन का एक नया नजरिया दिया जो मुझे सफलता हासिल कराएगा।

तभी अचानक दरवाजे की घंटी बजी सर आइये आपका जाने का वक्त हो गया।

श्याम - हाँ मैं अभी आया और अपनी पत्नी से अलविदा कह कर वो गाड़ी में बैठकर चल दिया।

तभी उसे याद आया उसके दोस्त ने आज उसे अपना जीवन पूर्ण कैसे बनाया जाए ये जानने के लिए बुलाया है ये सोचकर उसके मन में विचार आया पूर्ण जीवन ये क्या कुछ अलग होता है और क्या मैं जो जी रहा हूँ वो पूर्ण जीवन नहीं है ऐसा सोचते ही उसने देखा और अचानक वो चौंक गया ये क्या आज उसके दोस्त ने उसे जहाँ बुलाया है वो और कुछ नहीं बल्कि कब्रिस्तान था।

श्याम - चौंकते हुए अरे मेरे भाई ये क्या है और तुमने मुझे कहा बुलाया है।

राघव - क्यों तुम क्या उम्मीद किये थे आखिर मैं तुम्हें एक पूर्ण जीवन की सीख देने वाला हूँ तो इससे बेहतर जगह कहाँ हो सकती है। क्योंकि आखिर में आना सबको यही है, तो क्यों न इन्ही से शुरूबात करते हैं।।

श्याम - मैं कुछ समझा नहीं पर फिर भी कब्रिस्तान में भी कुछ है सीखने के लिए या तुम मुझे सिर्फ डराना चाहते हो क्योंकि मैं बचपन से ही कब्रिस्तान से डरता हूँ।

राघव - नहीं नहीं चलो मेरे साथ अंदर मुझे तुम्हें कुछ लोगों से भी मिलवाना है उधर देखो श्याम बो कब्र देख रहे हो जिसमें रहने वाला व्यक्ति बहुत अमीर था, पर बस जीवनभर अकेला ही मरा। इधर देखो उस व्यक्ति की कब्र को जो हमेशा कुशल परिवार में रहा एक अच्छा पैसा था मगर कभी खुश न था क्योंकि उसके स्वास्थ्य ने कभी उसे इस बात की अनुमति नहीं देता कि बो उसका उपयोग कर सके और इसे देखो इस व्यक्ति के जीवन में हर चीज़ थी पर पारिवारिक संतुष्टि न थी। ऐसे ही हर जगह जहा तुम्हारी नज़र जाएगी इसमें से हर व्यक्ति के पास कुछ ना कुछ था। मगर फिर भी उनका जीवन हमेशा आपूर्ण रहा, इस कारण वे कभी भी अपने जीवन में संतुष्ट न हो पाए और उनका अंत हो गया। ऐसी ही किसी चीज़ को पाने के लिए।

श्याम - अच्छा राघव तुम मुझे ये क्यों बता रहे हो, क्या सबका जीवन में ऐसे ही होता है एक खूबी और अभाव जो जीवन में हमेशा बना रहता है, तो क्या मुझे भी ऐसे ही मरना होगा अभाव में तो क्या इसका कोई कारण है जिससे मैं अपने जीवन में इसके परिणाम को बदल सकू।

राघव - अरे श्याम घबराओ नहीं थोड़ा धैर्य रखो और चलो वहां बैठते है, मैं तुम्हें सारे सवालों का जवाब दूंगा।

अच्छा तो तुम क्या कह रहे थे श्याम क्या मुझे भी ऐसे ही मरना है नहीं तुम्हें ऐसे नहीं मरना है क्योंकि आज मैं तुम्हें समय निवेश का परिणाम यानी पूर्ण जीवन के बारे में सिखाऊंगा, पूर्ण जीवन एक ऐसी अवस्था, जिसमें जीवन में किसी चीज़ का अभाव न हो एक ऐसी अवस्था जो हकीकत और सपनों में अंतर कर सके, पूर्ण जीवन एक ऐसी अवस्था जिसमें आप अपनी कमी पर ध्यान देकर उस पर साधना (कर्म के सिद्धांत) का पालन करके सकें उस कमी पे काम कर सकते है जिससे जीवन में सब परिणामों में संतुलन बना रह सके, पूर्ण जीवन बो अवस्था जो आपको जीवन पूर्ण जीने की आजादी देता है, और कोई भी परिस्थितियां आपको कमजोर नहीं कर सकती पूर्ण जीवन तब नहीं है जब आप सब कुछ कर चूके होंगे, तब एक अनुशासित और आनंदमय जीवन को जियेंगे बल्कि पूर्ण जीवन एक चुनाव का परिणाम है, आपके चुनाव का परिणाम जो आपको प्रतिदिन एक हीरो की तरह जीने और अपने जीवन की महान से महान उपलब्धियों को पाने में आपकी मदद करता है। इसलिए आज की तुम्हारी सीख है कि पूर्ण जीवन जिसमें अभाव तो हो सकता है मगर साधना और समय का निवेश उस आभाव को आप के लिए एक रास्ता बनाने में आपकी मदद करेगा जिससे आप सफल हो जाएंगे।

श्याम - पूर्ण जीवन क्या है और तुम मुझे बता रहे थे मुझे तो ये बताओ की सफलता कैसे पानी है। हर व्यक्ति में ये खूबी और एक अभाव उसका क्या मतलब है और अगर मैं किसी भी चीज़ से ज्यादा परेशान हूँ तो क्या मेरे लिए नुकसानदायक है।

राघव - एक पूर्ण जीवन किसी भी चीज़ को लेकर अति व्याकुल नहीं बल्कि एक ऐसा जीवन है जिसमें जीवन के लिए जरूरी हर चीज चाहे वो

पैसा हो, घर हो, संतुष्टि हो, अच्छा स्वास्थ हो, आराम हो इन सब की मात्रा जो की हमारे लिए उपयोगी और बेहद जरूरी हो उसका होना ही पूर्ण जीवन है और श्याम यही तो वास्तविक सफलता है क्योंकि पैसा कमाने से सिर्फ जीवन पूर्ण नहीं बनता और किसी चीज का आभाव आपको भटकता है, आपकी जरूरतें आपके जीवन का फैसला लेने लगती है और आप एक पूर्ण जीवन के इन चार के स्तंभों में जिसमें आपका स्वास्थ्य शरीर, पैसा, सामाजिक और पारिवारिक संबंध और आराम बहुत ज़रूरी है, और जो व्यक्ति इन चारों आयामों में किसी न किसी में थोड़ा कमी महसूस कर रहा है तो वो आसंतुष्ट हैं और परेशान भी हैं, और इन्हीं चार आयामों को पूरा करने के लिए तुम्हें 4Alarmsystam की जरूरत है जो कि आपके पूर्ण जीवन की यात्रा में आपकी मदद करेगा और तुम्हे सफल बनाकर तुम्हारे जीवन में बैलेंस बनाकर रखेगा, और तुम्हारे अभाव तुम्हें कभी कमजोर ना कर सकेगे जिससे तुम पूर्ण जीवन के मालिक होगे।

श्याम - 4alarmsystam ये क्या है ये हमारी किस प्रकार मदद करता है। हमारे जीवन को पूर्ण बनाने में?

राघव - चूँकि श्याम हमारे जीवन में बहुत स्टेज होती हैं, जिन पर तुम लगातार जीते हो 4alarmsystam आपकी इनमें मदद करता है क्योंकि जीवन एक दिन किसी काम को करने की तैयारी नहीं बल्कि रोज़ अपने जीवन आनंद और पूर्णता को पाने का राज़ है और 4alarmsystam आप की इस भागदौड़ भरी जिंदगी में इस बात की गारंटी है, कि आप अपने समय को इस हिसाब से बांटे की आपको कोई काम कल पर टालने की कोई बहाना न रहे और सिर्फ कल की तैयारी भी ना रहे हमेशा इकट्ठा करके एक दिन खुशी पाने की उम्मीद भी न रहे बल्कि हर दिन को पूरा जी सके। जिससे हर दिन को अपने लक्ष्य में निवेश कर सके और जो तुमारे जीवन को पूर्ण बनाने में तुम्हारी मदद कर सके। और जिस दिन तुम मर रहे हो तो उस दिन तुम्हारा मन फिर ना सोचे की श्याम काश शायद मैं ऐसा कर पाता जिससे मैं अपने जीवन में वास्ताब में करना चाहता था, 4alaramsystam आपकी हर कदम को पूर्णता तक ले जाने में छूट देता है और आपके जीवन से अफसोस को दूर करता है।

श्याम - अच्छा राघव तो कहीं तुम्हारी सफलता का राज 4alaramsystam तो नहीं और मैं इसे कैसे अपने ऊपर लागू कर सकता हूं।

राघव - हाँ श्याम मैंने इस बात को पहले ही समझ लिया था कि जीवन भर तैयारी करके एक दिन नहीं जीया जा सकता बल्कि रोज़ जीकर जीवन का आनंद लिया जा सकता है। हाँ तभी तो मैं जीवन के हर फील्ड में कितना सफल हूँ।

क्योंकि 4alarmsystam आपके जीवन के चार प्रमुख आयाम, शरीर, पैसा, परिवार(संतुष्टि) और आराम में आप की उपलब्धता को सुनिश्चित करता है और आपको उसमें कार्य करने के लिए प्रेरित करता है। इससे नाम से तो मैं समझ आ गया होगा कि इसमें चार अलार्म लगाने होंगे जो कि आपके दिन के चार भागों में बांटेंगे और तुम्हें इन अलार्म को लगाने के बाद सिर्फ इतना करना है,कि जिस समय जिसका अभी टाइम हो उसे भरपूर मात्रा में करो क्योंकि आप जितना उस काम को पूरा करेंगे उतनी ही तुम्हारे अंदर संतुष्टि का भाव आएगा, और एक आनंदित कर देने वाली खुशी का भाव हमेशा तुम्हे रोमांचित कर देगा, और आपके जीवन को ऊर्जावान बनाने में आपकी मदद करेगा, क्योंकि जब तुम ऐसा जीवन जीयोगे तो वक्त के साथ तुम्हारे सारे सपने वक्त के साथ पूरे होते जाएंगे तो तुम्हारे कार्य का स्तर खुद व खुद सुधरता जाएगा।

श्याम - मगर यार फिर वही बात यही तो टाइम मैनेजमेंट में होता है कि टाइम मैनेजमेंट में इतनी झंझट होती है कि कौन उसे हर बार देखे क्योंकि ज्यादा समय की चिन्ता करने से प्रोडक्टिविटी बढ़ाने की जगह घटी जाती है हमारी।

राघव - अरे नहीं मेरे दोस्त ये तुम्हारी सारी झंझट को सबसे पहले खत्म कर देगा क्योंकि तुम्हें सिर्फ जीवन में एक बार चार अलार्म लगाने की जरूरत है, बस इसके अलावा इन्हें बजने पे बंद करना है इसके बाद न कोई चिंता न कोई झंझट क्योंकि निवेश की प्रक्रिया में मायने रखता है रोज़ करना बस जब आपका अलार्म बजे उसे बंद कर दीजिये और फिर जिस चीज़ का समय हो उसपे शारीरिक ना सही बौद्धिक स्तर पर वहाँ पहुँच जाये

बस कोई झंझट नहीं है, क्योंकि इसके बाद में दोबारा सोचना ही नहीं और तुम्हे जब इसके बारे में सोचना नहीं तो प्रोडक्टिविटी की भी क्यों चिंता करते हो। एक बार अलार्म सेट हमेशा के लिए बस अब कर्म के बारे में सोचो चिंता मत करो टाइम अपने आप आपके जीवन में इन्वेस्ट होने लगेगा और धीरे धीरे ये आपकी आदत में बन जायेगा। फिर चाहे तो आप अलार्म इसे हटा भी सकते हैं क्योंकि आपके निवेश का रास्ता आपकी आदत बन जाएगी। बिना किसी झंझट और दिक्कत के और आपको रोज़ इसे देखने की भी जरूरत नहीं बस जरूरत है, अपने को पूर्णता के साथ करने की और अपने काम को बोझ को अपने ऊपर ना लेकर समय पे उसे पूरा करने के बारे में सोचने की।

श्याम - राघव पर मुझे समय तो बताओ कब से कब अलार्म लगाऊँ।

राघव - अरे थोड़ा सब्र करो, मैंने 7 दिन का सफर यू ही नहीं रखा है तुम्हारे साथ अभी तो 3 दिन ही हुए है की तुम थकने लगे अब तो असली सफर शुरू होगा कल से अब तैयार रहना और कल मैं तुम्हे लेने आऊंगा, अब जाओ दोस्त घर पे आराम करो और कल के लिए तैयार रहो।

श्याम - अच्छा ये तो बताओ राघव की मेरी दैनिक क्रियाएं खाना नहाना ये सब के लिए तुम्हें अलग से समय बनाया है या नहीं तो मैं इनके लिए कैसे टाइम निकालूँगा।

राघव - तुम भी बहुत भोले हों श्याम मुझे ये बताओ चाहे तुम्हारा कितना जरूरी काम हो तुम क्या ये कह सकते हो की मैं दो दिन खाना नहीं खाऊंगा क्योंकि मैं बहुत बिजी हूं नहीं ऐसा कर सकते तुम हो तो याद रखो यह दैनिक क्रियाएं हैं इनके लिए अलग से समय नहीं बल्कि इन कामों में ही इनका समय भी जुड़ा है और जब तुम निवेश करोगे तो तुम ये समझ लो की छोटी छोटी बातों से इसका कुछ नहीं होगा ये तो तुम्हारे जीवन का हिस्सा है और इसके साथ ही तुम हो इसलिए चिंता मत करो और अपने जीवन में समय निवेश करो क्योंकि आप चाहो न चाहो Ye कार्य करने ही पड़ेंगे इसलिए जो सोचना है कर्म के बारे में सोचो इसके बारे में नहीं ये सिर्फ उलझन पैदा करेगी इसलिए समय में अच्छा निवेश तब है जब तुम इन छोटी बातों को देखना बंद कर दोगे।

तभी राघव ने अरे अरे श्याम रुकना और अपना मोबाइल देना।

श्याम बड़ी ही आश्चर्यचकित होकर राघव को मोबाइल देता है और राघव फोन को चलाने के बाद उसे वापस कर देता है और कहता है आराम करो मित्र और वो दोनों वापस अपने घर चले गयी और श्याम बड़ी गहरी नहीं सो गया।

“व्यिक्तिगत विजय ”

“व्यक्तिगत विजय की यात्रा की शुरुआती बिंदु आपका स्वस्थ शरीर और आपके स्वस्थ विचार हैं जिससे आपकी व्यक्तिगत विजय कि यात्रा निरंतर चलती रहती हैं।”

Timing-5.30Pm To 7.30Pm

Time:- Two Hours

दिन:- 4

Invest time for yourself

राघव से मिलकर और पूर्ण जीवन की बातों को सुनकर श्याम को बहुत अच्छा लग रहा था और आज उसने ज्यादा सोचा भी नहीं आते ही आराम सो गया, बहुत गहरी नींद में सोया जितना शायद बहुत दिनों से नहीं सो पाया था। और तभी उसे नींद में कुछ सुनाई दिया उसका अलार्म बज रहा था और उसने जैसे ही उसने आंख खोलकर देखा तो अचानक उसे उसका दोस्त दिखा, आज उसका दोस्त उसे लेने के लिए तैयार खड़ा था।

अभी अभी तो नीद खुली थी, अभी उसे कुछ समझ मैं कहा रहा था।

तभी उसने बड़बड़ाते हुए पूछा राघव तुम इतनी सवेरे सवेरे क्या कर रहे हो, क्या बात है आज नींद नहीं आई तुम्हें या मुझे सोने ना देकर परेशान करने आए हो, कल तो तुमने कुछ बताया ही नहीं की मैं सुबह आऊंगा।

राघव - नहीं नहीं मेरे दोस्त मैं भला तुम्हें क्यों परेशान करूँगा आज चौथा दिन है तुम्हारी सीख का और उठो सबसे पहले अपना अलार्म बंद करो -

श्याम - मगर ये अलार्म लगाया किसने अभी तो सुबह के 5:30 का ही समय है और इसपे क्या लिखा है, [Invest Time for health] ये क्या है और किसने लिखा।

राघव - इसे मैंने लगाया है आज से तुम्हारे समय में निवेश का पहला अभ्यास खुद में निवेश स्वस्थ शरीर में निवेश से शुरू होता है, तुम्हारी व्यक्तिगत विजय कि यात्रा का पहला अभ्यास शुरू होता है, ये 5:30pm का अलार्म मैंने ही लगाया है, जो रोज़ तुम्हें उठाकर तुम्हें इस बात का अवसर देता है कि तुम अपने स्वास्थ्य के प्रति सजग हो जाओ और ये बातें समझ लो कि स्वस्थ शरीर डॉक्टर का दिया हुआ तोहफा नहीं बल्कि तुम्हारे

द्वारा किए हुए कर्म का परिणाम है, और जितनी जल्दी तुम ये समझ लोगे उतना ही तुम्हारे स्वास्थ्य के लिए लाभदायक होगा अच्छा चलो और बिस्तर छोड़ो आज हम समुद्र के किनारे टहलने चलते हैं और आओ साथ में बैठकर उगते सूरज को भी देखेंगे।

श्याम - अच्छा ठीक है गुरुदेव जैसा आप कहे मैं अभी तुम्हारे साथ चल रहा हूँ।

राघव - ठीक है आओ मैं तुम्हारा बाहर इंतजार कर रहा हूँ, मगर जल्दी।

श्याम - बड़े ही उत्साह के साथ तैयार होकर जूते और जॉगिंग सूट पहनकर आ गया, जिसे बड़े ही इच्छा से लाया था मगर पहली बार ही उपयोग कर रहा है श्याम बोला राघव गाड़ी कहाँ है।

राघव - क्यों गाड़ी का क्या करना है आज हम पैदल ही चलेंगे और तुम मुझे सवाल पूछना और मैं तुम्हारे जवाब भी देता रहूंगा।

श्याम - अरे मजाक न करो यहाँ से बीच बहुत दूर है।

राघव - नहीं नहीं मैं मजाक नहीं कर रहा।सुबह सुबह सबसे पहले शुरू होती है हमारी खुद की विजय यात्रा, यानी समय में स्वस्थ शरीर के लिए निवेश और इसके लिए ज़ाहिर सी बात है, तुम्हे खुद से मेहनत करनी होगी तभी तो तुम स्वस्थ शरीर और बेहतर विचार पा सकते हो।

श्याम - अच्छा चलो, तो क्या मैं भी पूर्ण स्वस्थ हो सकता हूं?

राघव - हाँ मगर आज नहीं रोजाना निवेश करके, यानी रोज़ करके जो आज मैं तुम्हें बताऊँगा। नहीं तो तुम डॉक्टर के यहाँ लेटकर खुद पे पछतावा करने के अलावा कुछ नहीं कर सकते, कि शायद मैं पहले से ही स्वस्थ के प्रति सजग रहता तो मुझे आज पछताना नहीं पड़ता।

श्याम - चलो चलते हैं, ये बताओ राघव कितना समय देने पर मैं बिल्कुल स्वस्थ रहूंगा।

राघव - हां बिलकुल व्यक्तिगत विजय के रास्ते तुम्हे रोज 2 घंटे का समय की जरूरत है जो कि सुबह 5:30pm से 7:30pm का समय है, यानी

तुमारा पहला अलार्म जो तुम्हें उठाएगा और दूसरा अलार्म जो की 7.30pm पे बजेगा जो तुम्हें याद दिलाएगा की अब तुम्हे अपने नए कार्यों पे शिफ्ट करना है।

श्याम - 2 घंटे कहीं ये बहुत ज्यादा समय नहीं है, अगर यही समय मैं कहीं और लगा सकूँ तो मेरी जिंदगी में ज्यादा से ज्यादा वैल्यू बढ़ेगी।

राघव - नहीं श्याम 2 घंटे बड़ा समय नहीं है, क्योंकि तुम्हारा स्वास्थ्य शरीर अंदर कि क्षमता को बढ़ाने में तुम्हारी बहुत मदद करेगा अगर तुम्हारा शरीर स्वस्थ ही नहीं होगा, तो कैसे तुम ज्यादा काम के बोझ को झेल सकते हो, और यदि शरीर स्वस्थ है तो तुम उसी काम को और ज्यादा फोकस के साथ कर सकते हो, जिससे तुम्हारी प्रोडक्टिविटी भी बढ़ जाएगी क्योंकि हमारे अंदर हमारे शारीरिक स्वास्थ्य के अलावा भी बहुत कुछ होता है जिसे हमें स्वस्थ रखना होता है, जैसे हमारा भावनात्मक स्वास्थ्य जो हमारे अंदर मजबूती इच्छा शक्ति विकसित करता है, मानसिक स्वास्थ्य जो हमारे फैसले को मजबूत करता है। आंतरिक अंग का स्वस्थ (inner orgain health) जो हमारे शरीर के क्षमता को बढ़ाता है और हमारी जो हमारे शरीर की क्षमता को बढ़ाता है और हमारी knowladge जो हमारे ज्ञान को बढ़ाती है और इसके बाद जब हम साइलेंस के साथ सेल्फ ट्रैक करते है तो हमारी समझ कई गुना बढ़ती है इसलिए तुम कहते हो दो घंटा ज्यादा समय है मगर अगर तुम अपनी क्षमता को बढ़ाना चाहते हो, तो कम से कम इतना समय तो आपको चाहिए ही, जो आपको ज्यादा काम करने के लिए तैयार करेगा।

राघव - तो क्या इतने स्वस्थ होते हैं, जिसका मुझे ख्याल रखना है मैं तो इनका नाम सुनकर ही बोर होने लगा, तो इनका ख्याल रखूंगा कैसे।

श्याम - अरे नहीं तुम चिंता मत करो, मैं तुम्हें समझाऊंगा बस तुम आसानी से सभी का ख्याल रख सकते हो, जैसे तुम सुबह 30 मिनट में टहल कर या हल्की स्पीड में दोड़कर अपने शारीरिक स्वास्थ्य को चुस्त तंदुरुस्त रख सकते हो, इसके बाद 10 मिनट कि हैवी एक्साइज करो जिससे तुम्हारे शरीर का पसीना बहाए जिससे तुम बहुत हल्का और इमोशनली बहुत

तरोताजा फील करोगे, उसके बाद तुम बैठ जाओ 20 मिनट तक योगा करो अपने शरीर के अंदर ऑक्सीजन (प्राणवायु) को अधिक मात्रा में पहुंचाकर इनर ओरगन का ख्याल रख सकते हो, फिर तुम्हे 20 मिनट शांत बैठना है, जिससे मेडिटेशन में तुम्हारा मन शांत और तरोताजा हो सके और तुम हर समस्या को आसानी से समझ सको, उसके बाद 20 मिनट तुम्हे अकेले में सेल्फ टॉक करनी है जो तुम्हारी समझ को बड़ा सके, जो तुम्हारे लिए हुए फैसलों पर एक बार पुनर्विचार कर सके कि आखिर क्या करना है किया नही और आखिरी के 20 मिनट तुम्हें अपने ज्ञान के विस्तार को यानी बुक रीडिंग ये ऑडियोबुक या कुछ भी तुम्हें अच्छा लगता है। जो कि तुम्हारे जीवन में वैल्यू ऐड करेगा कर सकते हो और देखो हो गया ना 2 घंटे का काम और पता भी नहीं चला।

श्याम - अच्छा तो ये है, व्यक्तिगत विजय जो तुमने मुझे बहुत अच्छे से समझा दी और मेरे मन के इस युद्ध को समाप्त कर दिया की मेरे को स्वास्थ्य अब सिर्फ डॉक्टर ही रख सकते हैं।

राघव - क्योंकि अच्छा स्वस्थ भगवान का आशीर्वाद नहीं बल्कि हमारे द्वारा की गई साधना का परिणाम है क्योंकि निवेश और परिणाम की दुनिया में अच्छा स्वास्थ्य सिर्फ डॉक्टर और भगवान नहीं बल्कि हम जो करते है उससे तय होता है और बही जब उसे तुम रोज़ करते हो, तो तुम व्यक्तिगत रूप से विजयी बनते हो और फिर तुम्हारा विचार और शरीर स्वस्थ होते हैं तो आपको कुछ करने का इरादा बना रहता है सब कुछ करने की शुरुआत खुद से होती है जब आप जीवन में व्यक्तिगत रूप से सफल होते हैं तो अपने जीवन में बो सब मुकाम पाते लेते है जो आप सोचते हैं क्योंकि हमारी सफलता का पहला बिंदु हमारा स्वस्थ्य शरीर और जीवन की सारी सफलता इसी से तय होती है कि हम अपने जीवन में कितने सवस्थ हैं और यदि तुम स्वयं खुद को सवस्थ रखना आरंभ कर दोगे तो हर क्षेत्र में तुम्हारी पकड़ बढ़ेगी और तुम पूर्ण रूप से स्वस्थ हो जाओगे।

श्याम - बस स्वस्थ शरीर के लिए मैं इतना ही या भोजन और डाइट भी मेरे जीवन में कोई रोल करते है क्योंकि मैं क्या खाऊं को समझ नहीं

आता और जब अच्छा स्वास्थ्य वर्धक खाता हूँ, तो थक जाता हूँ और फिर अनहेलथी और बेकार का खाने लगता हूँ तो क्या करूँ।

राघव - देखो श्याम हमारे पास खाने के समय हमेशा दो चीजें होती हैं जिनका हमें ध्यान रखना होता है पहला है आपकी जीव (स्वाद) जो आप को पसंद है और दूसरा है स्वस्थ बर्दक भोजन जो की हमारे स्वास्थ्य के लिए बहुत लाभकारी है, जो हमारी जीव के लिए बेस्वाद है और इसके अलावा कोई भी भोजन ना बिल्कुल अच्छा है और ना बिल्कुल खराब होता है, समस्या तो इसकी मात्रा में है क्योंकि यदि तुम सिर्फ अपने स्वास्थ्य को ना देखते हुए सिर्फ अपनी जीव के हिसाब से खाते हो तो तुम्हारा स्वास्थ्य खराब होने लगता है, और फिर तुम्हे मजबूरी में वो छोड़ना होता है और यदि भाई तुम अगर सिर्फ अपने सवस्थ शरीर के हिसाब से स्वास्थवर्धक भोजन करते हो तो तुम्हारा मन बेचैन हो जाता है और तुम्हारा दिमाग हमेशा उलझन और बेचैनी को महसूस करता है, इसलिए इस बात का ध्यान रखो सिर्फ अपने जीवन में भोजन के समय अति से बचो अपनी जीव की भी सुनो और अपने स्वास्थ्य की भी, हर चीज़ की लिमिट निर्धारित कर लो और उसी दायरे में भोजन खाओ और तुम एक सवस्थ शरीर के मालिक होगे इससे तुम्हें कभी भोजन के प्रति किसी भी अन्य प्रक्रिया की जरूरत नहीं पड़ेगी और तुम्हारा स्वास्थ्य ठीक रहेगा।

इसके बाद राघव दौड़ लगाने चला गया जैसे ही वो वापस लौटा उसके फिट शरीर पे श्याम का ध्यान गया क्योंकि श्याम अभी बहुत मोटा था।

श्याम - अच्छा भाई ये बताओ मैं डाइट को करना चाहता हूँ पर कर नहीं पाता और पतला कैसे हो जिससे मेरी तुम्हारी जैसी एक फिट और आकर्षक शरीर मिले।

राघव - तुम्हारे जीवन में कभी भी डाइट की जरूरत नहीं भोजन के लिए तुम्हें बस एक ही चीज़ पर ध्यान रखनी है वो है संतुलन यानी लिमिट मगर तुम करते क्या हो मैं बताऊँ अगर तुम्हारा मन फिट होने का होता है तो तुम डाइट के नाम पर अपना सारा भोजन छोड़कर अपने ऊपर अत्याचार करने लगते हो, अत्याचार भी क्या बिल्कुल जुल्म की हद तक ना कुछ खाते

हो और जो खाते हो वो भी बिल्कुल बेस्वाद और बिलकुल थोड़ा जिससे तुम पतले तो होते नहीं बल्कि कमजोर हो जाते हो और फिर तुम पाते हो की तुम्हारी डाइट पता नहीं कहाँ चली गई, और जैसे तुम भूले फिर तुम ठूस ठूस कर खाने लगते हो इसलिए अगर डाइट करनी है तो अपने खाने पर लिमिट लगाओ सब खाओ मात्रा का ध्यान रखो फर्स्ट अलार्म का पालन करो तो तुम ज्यादा बेहतर और टिकाऊ रिज़ल्ट पा सकते हो और तुम्हें कभी फिट शरीर के लिए डाइट की जरूरत नहीं पड़ेगी।

राघव - श्याम का ध्यान खींचते हुए बो देखो समुद्र की तरफ का नजारा।

श्याम - क्या नजारा है सूर्य धीरे धीरे ऊपर आ रहा है और हर तरफ लालिमा छाई थी।

राघव - इसे देखो और इसका आनंद लो श्याम और राघव उसे लगातार देखते रहे।

श्याम - अरे राघव 7:30Pm का मेरा अलार्म बज गया है अब घर चलते हैं राघव तुम्हारी भाभी ने हमारे लिए नाश्ता भीं बना दिया होगा।

राघव - क्यों नहीं आज तो मज़ा आएगा।

दोनों बातें करते करते घर को चले गए।

श्याम आज तुम्हारी सीख को 4 दिन बीत गए तो कल का क्या इरादा है।

राघव - कल मैं तुम्हें अपने ऑफिस में ले जाऊंगा और वहाँ मैं तुम्हें अपने सारे स्टाफ से मिलाऊंगा और बिज़नेस के बारे में सारी सीख दूंगा।

“हर संभव रूप से बचना - सामन्या विचारधार

हर रूप में फसना - Entrepreneur विचारधारा क्योंकि रास्ते फसाने के बाद है”

Second Alarm:- 7.30Pm To 6.00Am

Time - 10.30hours

Day - 5

Invest Time for making MONEY

आज बड़ी उत्सुकता के साथ श्याम उठा क्योंकि कल जो राघव ने पहले अलार्म यानी व्यक्तिगत विजय के बारे में समझाया था। उसे इस बात का अनुभव हो गया था, की दूरगामी सफलता तभी मिल सकती है जब मैं अपने स्वास्थ्य के प्रति सजग रहू और इसी कारण आज उसने अपने फर्स्ट अलार्म का बखूबी पालन किया और सुबह सुबह खूब पसीना बहाया।

आज उसका उत्साह सातवे आसमान पर था, ऐसा हो भी क्यों ना आखिर उसका भी शुरू से मन एक अच्छा और सफल बिजनेसमैन बनने का था, जो कि उसका दोस्त था आज उसे उसके दोस्त ने अपने ऑफिस में सबसे मिलवाने और सफल बिज़नेस के बारे में अपना सारा ज्ञान देने को बुलाया है जैसे ही आज उसका दूसरा अलार्म ठीक 7:30Pm बजा, अब वो अपने दोस्त से मिलने जाने के लिए तैयार होने चला गया और बड़े ही उत्साह से उसने कोट पैंट और टाई पहनी एक बिज़नेस ओनर की तरह तैयार हुआ और अपनी पत्नी से पूछा कैसा लग रहा हूँ मैं।

पत्नी - आज जच रहे हो, आज तुम एक टाटा अंबानी से कम नहीं लग रहे हो।

अरे तुम भी क्या मजाक करती हो।

तभी बाहर से एक गाड़ी का हॉर्न बजा उसने देखा एक रेड स्पोर्ट लग्जरी कार उसे लेने आई, जिसे देखकर तो वो दंग रह गया। श्याम वाह वाह वाह क्या कार है, श्याम अपनी पत्नी को आवाज लगाते हुए सुनोजी ये देखो मेरी मनपसंद कार पत्नी भी श्याम को देखकर बहुत खुश थी क्योंकि बिमारी के बाद आज उसका पति इतना खुश जो था।

पत्नी - जाओ भी लेट नहीं हो रहा है, राघव तुम्हारा इंतज़ार कर रहे होंगे।

श्याम - ड्राइवर साहब आप इस साइड बैठिये। गाड़ी आज गाड़ी मैं चलूंगा।

ड्राइवर ठीक है साहब।

श्याम पूरे जोश और स्पीड में गाड़ी चलाई जा रहा था। राघव आज तो जीवन में मज़ा आ गया जैसे ही

श्याम ने ऑफिस के सामने अपनी गाड़ी रोकी उसकी आंखें फटी की फटी रही गयीं, इतनी बड़ी और आलीशान बिल्डिंग जिसकी शायद उसने कल्पना भी नहीं की थी। ऑफिस के गेट पे ही उसका दोस्त उसका इंतजार में खड़ा था।

राघव - तो कैसी थी कार श्याम मैंने ये अभी ली है मुझे लगा तुम्हे अच्छी लगेगी तो भेज दी वैसे आज जच रहे हो सूट बूट में।

श्याम - बहुत मस्त कार थी, चलाने में मज़ा आ गया मगर मुझे बताओ क्या ये तुम्हारा ऑफिस बहुत बड़ा मेरी सोच से भी ज्यादा बड़ा और क्या तुम भी इसी ऑफिस में बैठकर काम करते हो।।

राघव - हाँ मैं लगभग यही मिलता हूँ कभी कभार को छोड़कर चलो मेरे साथ मैं तुम्हें अपने ऑफिस के दोस्तों से मिलवाता हूँ और अपना सारा ऑफिस घूमता हूं।

श्याम - बहुत चौंकते हुए क्या दोस्तों से क्या यहाँ सारे दोस्त काम करते हैं कर्मचारी नहीं।

राघव - नहीं नहीं मैं अपने कर्मचारियों को कभी कर्मचारी मानता ही नहीं चाहे वो वर्कर हो, या एचओडी चाहे चपरासी हो, मैं उन्हें अपना दोस्त ही मानता हूँ क्योंकि बिज़नेस का पहला नियम हर व्यक्ति कि आत्म-सम्मान है अगर हम किसी को इज्जत दे नहीं सकते तो कम से कम हम उनके साथ गलत बर्ताव न करें। जिससे उन्हें काम करने की प्रेरणा मिले और फिर आखिर सारा काम करना तो उन्हीं को है इससे वे सब खुश और हमारा व्यापार भी खुश, क्योंकि एक सुखी कर्मचारी आपके लिए ज्यादा मेहनत करके कार्य करेगा, नहीं तो बस बो धक्कावादी बनेगा जितना आप उसे धक्का देंगे उतना ही बढ़ेगा।

श्याम - क्या बताऊँ राघव तभी मैं जहाँ काम करता था, मेरा कोई मन नहीं लगता वहाँ काम करने में क्योंकि वहाँ का मैनेजर बहुत ही खडूस है और हमेशा हमें बिना बात के चिल्लाता है और कोई इज्जत भी नहीं करता मगर तुम करते हो इसलिए तुम सफल हो।

अब धीरे धीरे श्याम और राघव बातें करते हुए ऑफिस की तरफ गए राघव सबसे पहले श्याम को अपने ऑफिस में ले गया श्याम को अपने सामने बिठाया और कहा अब बताओ क्या जानना चाहते हो व्यापार के बारे में।

श्याम - राघव ये बताओ कि आखिर तुमने और हमने अपना जीवन साथ शुरू किया, तुमने भी मेरे साथ नौकरी से शुरुआत की थी। और आज तुम कहाँ पहुँच गए और मैं कहाँ रह गया इसका क्या कारण है कि तुमने इतना बड़ा स्टार्टअप शुरू करके, उसे सफल भी कर लिया और तुम एक सफल ऑन्त्रप्रन्योर बन गए और मुझे देखो मैं वही हूँ मुझे भी बताओ, क्योंकि मेरा भी सपना है एक सफल उद्‌यमी बनने का जो सब बन रहे हैं।

राघव - अच्छा सपना है,मगर इसके सबसे पहले समझना पड़ेगा मैंने अपने जीवन में जो कुछ भी सीखा है और जो कुछ भी किया है उससे समय निवेश का बहुत बड़ा हाथ है क्योंकि जब मैं तुम्हारी तरह नौकरी कर रहा था तभी मेरे मन में एक विचार था दुनिया को बदल कर रख देने का, पहले मुझे लगा विचार बहुत अच्छा है पर मुझे समझ आया, मेरे पुराने अनुभव से की मुझे अच्छा लगने वाला हर विचार जरूरी नहीं सभी को अच्छा लगे श्याम देखो जब मेरे पास एक सफल स्टार्टअप का विचार आया, तब मैंने न तो नौकरी छोड़ी और ना ही कुछ छोड़ा मैं धीरे धीरे उस विचार पर अपना समय निवेश करता रहा उसके बारे में जानकारी इकट्ठा की उसके मार्केट को ढूंढने लगा लोगों से बातचीत की लोगों की, उनकी जरूरतों को समझने लगा इस स्टार्टअप की मार्केट कितनी है, और क्या मेरा विचार वाकई में कुछ काम कर सकता है। फिर मैं इसकी अगली लेवल पर गया, जहाँ मैने लोगों से इस विचार को साझा करके ये जानने की कोशिश की उन्हें उसकी जरूरत है या नहीं, मैंने फिर इस बात को जानने की कोशिश की मैं ये कर सकता हूँ, कि नहीं क्योंकि मैं जानता था, मेरा एक गलत कदम मुझे बहुत पीछे

कर सकता है, इसलिए जब मुझे सब कुछ सही लगा मेरा अनुभव और दूसरों का दिया हुआ रुझान फिर क्या मैं कूद पड़ा अपने स्टार्टअप में और फिर मैंने किसी भी चीज़ का लोभ लालच नहीं किया, जो भी चीज़ त्यागनी थी छोड़ दी और सब कुछ किया अपने विचारों को वास्तविकता में लाने के लिए किया, कोई भी बलिदान देने से मैं पीछे नहीं हटा मगर मैंने मूर्खतापूर्ण दूसरों को देखकर भागा नहीं बल्कि धीरे धीरे शिफ्ट किया और देखो आज मैं हर रूप में सम्पन्न हूँ क्योंकि अगर मेरे पास विचार आया और तो, मैं सब कुछ छोड़ कर भाग जाता तो मेरी जरूरतें पूरी नहीं होती और मैं दबाव में गलत फैसले भी कर सकता था, इसलिए मैंने सब कुछ ठीक होने के बाद एक कैलकुलेटेड रिस्क लिया और देखो आज मैं सफल हूँ, आज कल के उद्‌यमी क्या करते हैं, मूर्खतापूर्ण बस कोई विचार आया और सबकुछ छोड़कर कूद गए बिना कुछ सोचे समझे और बिना किसी भी तरह की मार्केट को समझे, यानी सिर्फ और सिर्फ दूसरे से प्रभावित होकर और फिर बीच में आकर फंस जाते हैं, फिर ना तो सफल होते हैं और ना ही दोबारा सफल होने का अपने लिए मौका छोड़ते हैं। इसलिए इस बात का ध्यान रखो सफलता तब मिलेगी जब आप विचार पे पूरा कम करोगे और कोई आपका आइडिया चुरा नहीं लेगा डरिये मत क्योंकि इसकी सुविधा तो बाद में पब्लिक को लेनी है जो आप इसके बदले पैसे देगी।

श्याम - अच्छा रहा तुमने मुझे समझा दिया नहीं तो मैं वाकई में पागलपंती करने वाला था, मैंने सोचा था कि कोई स्टार्टअप करूँगा इसलिए नौकरी छोड़ दूँ और अपनी जमा पूंजी लगाकर तुम्हारे जैसा बन जाऊंगा। मगर आज मैं समझ गया सबसे पहले विचार पर काम करूँगा फिर उसकी वास्तविकता को परखूगा और फिर चाहे जो हो, उसके लिए सब कुछ छोड़ना पड़े छोड़ दूँ क्योंकि ये आपको अवश्य सफल बनाएगा और मैं भी तुमरे जैसा सफल हो जाऊंगा।

राघव - हाँ तभी तो मैं कहता हूँ, कि हमेशा जीवन में इतनी शांति रखो की कभी हड़बड़ाहट में तुम्हें फैसला न लेना पड़े क्योंकि पता नहीं कौन तुम्हें लालच देकर तुम्हें मूर्ख बना दें तुम्हें अमीर होने का वादा करके खुद अमीर हो जाये। तुम्हारे पैसे को भी तुमसे ले ले और तुम्हें अपना साथी बना कर तुम से काम भी कराएंगे।

श्याम - ये बताओ तुम्हारे बिज़नेस की मूल बातें क्या हैं, जिनसे तुम मानते हो की मैं इसके कारण सफल हूँ और चाहे कोई भी हो किसी भी बिज़नेस में हो वो सफल हो सकता है।

राघव - बिज़नेस में बहुत सी बातें हैं जिन पर चलकर व्यक्ति सफल होता है, मगर जो सबसे मूल चीज़े है, वो है कस्टमर, क्योंकि यदि हम अपने प्रॉडक्ट की वैल्यू को बढ़ाना है तो सबसे पहले हमें याद रखना चाहिए की हम जैसी उम्मीद करते हैं कि मेरे साथ ऐसा व्यवहार होना चाहिए ठीक वैसा ही हमें कस्टमर के साथ व्यवहार करना चाहिए। दूसरी बात हमे हर समय अपने व्यापार में नए अफसरों की तलाश जारी रखनी होगी क्योंकि हर समय संभावनाएँ अपना रूप बदल रही है और अगर हम अपनी घिसी पीटी चीजें मार्केट में देते रहेंगे तो बस कुछ समय बाद ही कस्टमर हमसे और हमारी सर्विस से दूर होने लगेंगे, तीसरी बात जो बहुत मायने रखती है की हमें हमारे ऑफिस में कभी धक्का वादी सभ्यता विकसित नहीं करनी चाहिए क्योंकि जब आप कर्मचारी से कोई काम कराएं तो हर समय बैठा उन्हे देखे ना, हमे उन्हे निर्धारित काम देने होंगे, उन पर भरोसा करना होगा और बस बीच बीच में उन्हें देखना होगा, क्योंकि यदि हम उन्हें ज्यादा टच करेंगे तो उनकी आदत पहल करने की कम हो जाएगी, इसलिए अपने कर्मचारी का पूरा सहयोग लेने के लिए उन्हें जिम्मेदारी दे और उन्हें देखे जिससे वो अपने काम को पूर्णता के साथ कर सके, चौथी बात हमें अपने व्यापार में हमेशा दूरगामी सोचना चाहिए क्योंकि शायद किसी कारण हमें कुछ नुकसान हो गया तो वो अंतिम नुकसान नहीं है इसलिए हमेशा दूरगामी सोचे और बड़ा सोचें, हमेशा अपने कंफर्ट ज़ोन का त्याग करके काम करना चाहिए क्योंकि एक औसत व्यक्ति हफ्ते में 30 से 35 घंटे काम करता है मगर आपका सेकेंडअलार्म जो कि 7:30pm से 6:00Am तक का है ये आपको 10.30 घंटे काम करने के लिए समय देता है क्योंकि बहुत जरूरी है, कर्म करना तभी आपको सफलता मिलेगी। यही लीडर की विचारधारा है अपने कर्म में निवेश करना।

श्याम - राघव एक और सवाल है जो मुझे परेशान करता है की हमे हर समय दिखाया गया है, की सेविंग करो तो यार जीवन में यह शौक कैसे होंगे, और सेविंग नहीं करूँगा तो भविष्य में मेरा क्या होगा मैं तो ये सोच सोचकर बहुत ही डर जाता हूँ कि आखिर क्या करूँ सेविंग करूँ या ना करूँ।

राघव - एक बात बताऊँ श्याम तुम्हें अपने जीवन में पैसा किस लिए चाहिए ऊपर ले जाना है या उसका उपयोग करना है।

श्याम - जाहिर सी बात है, ऊपर तो जाएगा नही, इसलिए इसका उपयोग करना है।

राघव - श्याम तो बस पैसों का सबसे अच्छा उपयोग इसे, अपने लिए खर्च करना है मगर तुम्हे ये भी मालूम होना चाहिए कि भविष्य भी तुम्हारा इसी से चलेगा, इसके लिए जो चीज़ जरूरी है। वो है आपके पैसों का सही उपयोग जो आपके लिए स्वयं काम करें और आपको इससे इस स्तर तक ना बचना पड़े की आप अपने शौक को ही छोड़ दें, तो इसलिए तुम्हें अपने जीवन में निवेश करना सीखना होगा। अपने पैसों को ऐसी जगह लगावो जो खुद बड़े हैं क्योंकि आज महंगाई दर इतनी है कि अगर तुम अपने रुपयों को बैंक में डालें रखोगे तो वक्त के साथ उनकी सारी वैल्यू खुद व खुद घट जाएगी। श्याम इसलिए ये बात समझ लो की अगर तुम्हे बचाना है, तो उसका निवेश करना सीखो जिससे तुम्हे ज्यादा सेविंग ना करनी पड़े और सिर्फ छोटी छोटी निवेश तुम्हारे खर्चे और तुम्हारी शेविंग के बीच का संतुलन बनाए रखेगे और तुम्हारे भविष्य को भी सुरक्षित रखेगे।

राघव - चलो आओ मैं तुम्हें अपने सारे साथियों से मिलवाओ।

श्याम चलो चलते हैं।

राघव - इनसे सबसे मिलो ये है हमारी परिवार के सदस्य हैं जो हर समय हमारे लिए काम करते हैं, और मेरे सपनों को पूरा करने में अपना पूरा सहयोग देते हैं।

श्याम सभी को हैलो कहता है...

और कुछ देर उनके साथ बातें करने के बाद श्याम जाने की अनुमति मांगता है और वहाँ से चला जाता है।

"परिवार आपकी एक ऐसी
सम्पदा है जिसमे आपका
होना मायने रखता है!"

Third alarm-6.00 Am To
10.00Am

Time - 4hours

Day - 6

Invest Time for Real Happiness And Satisfaction

अब तो ऐसा लग रहा था की श्याम के जीवन में एक नई सी तंग आ गई है इतना खुश रहने लगा था, और हर बात को लेकर बड़ी ही समझदारी भी दिखने लगा था। उसकी शिक्षा का 6 वां दिन था और राघव ने उसको अपनी पत्नी और बच्चों के साथ उसके घर डिनर पे आमंत्रित जो किया, और कहा था आना जरूरी है और सभी के साथ।

श्याम अपने पहले अलार्म 5:30Am पे उठा एक्सरसाइज की, उसके बाद अपने दूसरे अलार्म पे अपने ऑफिस के लिए तैयार हुआ, जब उसका आज तीसरा लाभ ठीक 6:00Am पे बजा तो वो राघव से मिलने की तैयारी करने लगा और सभी को तैयार होने का कहकर बच्चों से बोला आज चलो मैं तुम्हें तुम्हारे नए दोस्तों से मिलाता हूँ।

श्याम - अरे सुनो जी आज हमारा लंच का प्रोग्राम हैं राघव के घर तुम्हें और बच्चों को उसमें खाने को बुलाया है खाने पर।

पत्नी - ठीक है कितने अच्छे हैं, आपके दोस्त एक आप है की हमे कभी बाहर तक नहीं ले जाते हैं और वहीं दूसरे आपके दोस्त हैं जो बिना परिवार के साथ कही जाना पसंद नहीं करते और आपको भी परिवार को साथ लेने को कहा।

श्याम - आज फिर तुमरा लड़ाई झगड़ा शुर?

श्याम और उसकी पत्नी के बीच लड़ाई हो भी क्यों ना एक तो श्याम के पास पैसों की कमी और अपने को काम में इतना व्यस्त रखा है कि कभी अपने बच्चों से भी ना सीधे बात करता और ना ही अपनी पत्नी को

सुनता इसी करण उन दोनों की अक्सर लड़ाई होती रहती थी और पता नहीं कितना समय हो गया उन दोनों को एक साथ खाना खाएं और एक दूसरे को गौर से सुने हुए।

श्याम - अरे नाराज न हों आज हमारी दावत हैं और थोड़ा मुस्कराओ तो आज तुम बहुत खूबसूरत भी लग रही हो।

श्याम की पत्नी - अरे मुफ्त का मस्का मत लगाओ और चलो हमारी गाड़ी आ गई।

और बे सब गाड़ी में सवार होकर राघव के घर की तरफ निकल पड़े, मगर बिना एक दूसरे से बात किए और बही श्याम बढ़ा उत्सुक था, आपने दोस्त की फैमिली से मिलने के लिए मगर उसे इस बात का एहसास ही नहीं था कि वो अपनी फैमिली से कितनी दूर है।

जैसे ही बो राघव के घर पहुंचे तो देखा, उनका पूरा परिवार ही उनके स्वागत के लिए खड़ा है और उन्होंने बड़ी ही गर्मजोशी के साथ श्याम और उसके परिवार का स्वागत किया और बे अब सीधे डाइनिंग टेबल पर आ बैठे हैं।

राघव - श्याम तो आज मैं तुम्हें अपने परिवार से मिलाता हूँ ये सामने बैठे मेरे बापू जी मेरे मार्गदर्शक।

श्याम नमस्ते अंकल

राघव - ये मेरी माताजी और ये मेरी धर्म पत्नी और ये मेरे प्यारे प्यारे बच्चे।

सभी ने श्याम को नमस्ते किया और श्याम ने सभी का भ्रष्टाचार किया।

राघव - श्याम आज मैं तुम्हें अपनी जिंदगी की सफलता का वास्तविक राज़ बताऊँगा वो है मेरी फैमिली टाइम। मेरा फोर अलार्म जोकि 6:00Am से 10:00Am के बीच के मुझे 4 घंट देता है, चाहे मैं अपने जीवन में कहीं भी व्यस्त हो चाहे किसी भी परिस्थिति में क्यों ना हो, मैं अपनी फैमिली टाइम को कभी भी अवॉइड नहीं करता, क्योंकि मैं व्यस्त हूँ इसलिए और हमेशा अपनी फैमिली और दोस्तों के टच में रहता हूँ क्योंकि वो ही तो हैं

जिनसे बिना कोई लालच के बिना कोई हिसाब किताब के बिना तौले अपनी बात को कह सकता हूँ, क्योंकि श्याम जीवन बहुत छोटा है कब वव्यस्तता में निकल जाये पता ही नहीं चलता है। इसलिए मैं कभी अपनी खुशी के पलों को इकट्ठा नहीं करता बल्कि उन्हें रोज़ जीता हूँ और रोज़ अपने लिए रोज नए खुशी के पलों को तैयार करता हूँ, जो मेरे जीवन में संतुष्टि और भरपूर खुशियों को बनाए रखते हैं, श्याम राघव की बातों को बहुत ध्यान से सुने जा रहा था और अब मन ही मन बहुत उदास था, की उसे पता नहीं कितने दिन पहले घर में सबके साथ खाना खाया, कब अपने दोस्तों को पूछा कब पारिवारिक सदस्यों को सुना वो अंदर ही अंदर बहुत गिलानी से भरा हुआ था।

तभी राघव ने कहा, श्याम अरे अरे श्याम कहाँ खो गए मेरे भाई कुछ खाओ और कुछ चपाती भी ले लो तुम कुछ खा ही नहीं रहे हो।

श्याम बहुत कोशिश कर रहा था कहीं बो रो न दें आखिर उसने खुद को रोकते हुए, पूछा कि ये फैमिली टाइम क्या होता है।

राघव - मेरा चौथा अलार्म जो कि शाम 6-10 बजे के बीच है जिसमे की 4 घंटे का समय है वो 4 घंटे को मैं हमेशा अपने परिवार और दोस्तों और अपने एंटरटेनमेंट के लिए रखता हूँ, क्योंकि इस भाग दौड़ भरी दुनिया में कभी समय नहीं होता बल्कि निकालना पड़ता है। क्योंकि हमारे परिवार को हमसे चाहिए क्या सिर्फ मेरा समय, मेरे माता पिता चाहते हैं कि मैं उनके पास बैठा हूँ उनसे कुछ हाल चाल पूछ सकूँ उनसे बातें कर सकू और वही मेरी पत्नी हमेशा खुश रहती है जब मैं उसके साथ समय बिताता हूँ, और समय समय पर उसकी तारीफ या कोई स्पेशल काम उसकी पसंद का करता हूँ, भाई मेरे बच्चे जो मेरा भविष्य है मैं उन्हें भी समय देता हूँ जिससे उनसे मेरी दूरी मिटे और वे मुझसे बात करने में डरे न बल्कि अपनी फीलिंग मेरे से शेयर करे, मैं उनकी बातों को बड़ी उत्सुकता से सुनता हूँ ना कि उन्हें हर समय डराता हूँ, क्योंकि मैं बड़ा हूँ और मुझे ये समझना होगा कि बच्चों को इतनी स्वतंत्रता हो की वो अपने हिसाब से जीये, मगर जो गलत है मै उन्हें समझाकर उनसे दूर रखो सकूँ, मैं हर संभव दिन अपने किसी ना किसी दोस्त से किसी ना किसी बहाने बात करता हूँ जिससे मुझे संतुष्टि

का अहसास हो सके और हमारी दोस्ती फिर से नई हो सके और हम सब साथ बैठकर खाना खाते हैं। एन्जॉय करते हैं और आपस में बातें करते हैं जिससे हमारे बीच की दूरी कम हो सके ये होता है फैमिली टाइम, एक पूर्ण जीवन की वास्तविक खुशी जो आपको तभी मिलेगी जब आप जीवन में फैमिली टाइम में निवेश करेंगे क्योंकि उस सफलता का लाभ जिसे कोई देखने वाला ना हो, और ना ही आप कोई समझने वाला हो तो उसका क्या फायदा हैं।

श्याम - फैमिली टाइम भी कुछ होता है मुझे ये पता ही नहीं था। और अब समझ आया रिश्ते तो बेहतर तभी होंगे, जब हमारी समझ बढ़ेगी और हम अपने समय का निवेश फैमिली में करेंगे।

राघव - फैमिली टाइम का बहुत सा उपयोग तब होता है जब हम बहुत उदास बहुत डिप्रेस होते हैं जब हम हर जगह से सिर्फ उदासी पाते हैं तब हमारे बच्चों का साथ माँ बाप का दुलार और पत्नी का विश्वास बहुत काम आता है जो हमें हमेशा प्रेरित करता है। जिससे हम स्वयं को प्रेरित पाएंगे और आगे बढ़ना हमारे लिए बहुत आसान हो जाएगा। समझे श्याम फैमिली आपके स्टेटस से ज्यादा आपके होने का महत्त्व को समझती हैं और यही तुम्हारी पावर है जो तुम्हें मजबूत और दृढ़ बनाती है क्योंकि तुम्हारे पीछे कोई खड़ा है जो पूर्ण रूप से तुम्हें समझता है।

श्याम - ये बताओ मेरे बच्चे तो बिलकुल मेरी बात नहीं सुनते ऊपर से मेरी बातों का अनादर ही कर देते हैं जो मैं कहता हूँ उसे न मानकर तो मैं उनसे अपनी बात कैसे मनाऊँ?

राघव - अरे वो सिर्फ बच्चे हैं तुम बड़े होकर नहीं समझ रहे, वो सिर्फ बही करते हैं जिससे वो प्रभावित हैं जो बात उन्हे ज्यादा अच्छी लगती है और आरामदायी लगती है, फिर उसे आसानी से मानते हैं अगर तुम चाहते हो की बच्चे तुम्हारी बात सुने तो तुम उन्हें रोज़ सुनो उनकी हर तुक और बेतुकी बातों के साथ उनके साथ खेलो समय निवेश करो, जिससे तुम और वे घुल मिल सके फिर तुम उन्हें समझाओ की कैसे करना है अपने विचार उन पर थोपने बंद करो उन्हें स्वीकार कराने का प्रयत्न करो जिससे वे तुम्हारी बात को स्वीकार करेंगे क्योंकि प्रेम में हमेशा दोनों पक्षों को सुनना

होता है और यदि तुम ऐसा करोगे तो बे तुम्हारी बात सुनेंगे और उस पे अमल भी करेंगे और तुम्हें कोई दिक्कत भी नहीं होगी।

श्याम - मगर एक समस्या है कि मैं जैसा कहता हूँ वो बिल्कुल वैसा नहीं करते, मैं कहता हूँ ऐसा मत करना वो नहीं मानते तो गुस्सा तो आएगी ही ना।

राघव - ऐसा कभी नहीं हो सकता है कि तुम चाहो बे नाचे तो बे नाचे और तुम चाहो जैसा वे बिल्कुल वैसा ही करे आजकल की समस्या क्या है कि आज के माता पिता इस बात की दिक्कत कम है की उनका बच्चा गिलास को आधा भरा देखता है या आधा खाली, उनकी इस बात को लेकर कोई अवधारणा नहीं है बल्कि वो इस बात को लेकर परेशान हैं कि उनका बेटा ग्लास पकड़ता कैसे यानी उनका बेटा बिलकुल बही क्यों नहीं करता जो वो कह रहे हैं और जो शायद उन्होंने अपने जीवन में नहीं किया इसलिए इस फिजूल की बातों में पड़ना बंद करो, कि मेरा बेटा ग्लास कैसे पकड़ता है बस मतलब रखो की गिलास पकड़े है उसके अलावा उसे अपना जीवन जीने दो, आपके जीवन मूल तभी कारगर होंगे जब आप उसे इस बात की स्वतंत्रता दे कि वो अपना जीवन जी सकें ना की हमेशा अपनी मनबाये, उसे सिर्फ अपने विचार दे और करने अपने तरीके से दो

श्याम - परिवार में खुशहाली कैसे लाएं।

राघव - सबसे पहली बात जो तुम्हें समझ नहीं है वो है परिवार संपत्ति नहीं बल्कि वो कुछ विचारधाराओं का जोड़ है जो आप से किसी ना किसी रूप से कनेक्ट हैं इसलिए उनपर अपने फैसले थोपे ना उन से समय देकर बीच का रास्ता निकाले और आप पाएंगे की आप एक खुशहाल परिवार में रह रहे हैं क्योंकि जब आप किसी से बात करते हैं तो कुछ आपकी गलती पता चलती है कुछ बो कहा गलत है वो पता चलता है इसलिए हमेशा फैसला उन से सलाह करके ही निकालो।

श्याम - राघव तुमने मुझे इतना बिजी शेड्यूल बता दिया तो इसमें मैं क्या अपना एंटरटेन कैसे करूँ और मोबाइल को तो सब गलत बताते हैं कि ये समय बर्बाद करता है तो आखिर जीवन में ये भी तो बहुत जरूरी है क्योंकि जीवन की एक कमी आपको उसकी ओर आकर्षित करती है इसलिए तुम बताओ क्या करूँ।

राघव - बिलकुल सही बात है और फैमिली टाइम मतलब एंजॉय टाइम कोई बिजी शेड्यूल नही है, इस में ही तुम अपने मोबाइल को चलाओ बच्चों के साथ पार्टी करो, खुश रहो कौन कहता है तुम अपने काम के बोझ को साथ लेकर घूमो आनंद लो सभी के साथ जो, बच्चों के साथ घर पर सभी का प्यार पाओ। श्याम जीवन जीना है ये न कि इसे घुट घुटकर मारना है, इसलिए एन्जॉय करो और मोबाइल आज की दुनिया की बहुत बड़ी जरूरत है इसलिए इसे भी चलाओ और इसी समय में कुछ टाइम इसके लिए भी निकालो।

श्याम - ये हुई ना बात यानी फैमिली टाइम को कुल मिलाकर सैटिस्फैक्शन टाइम मान सकते हैं यानी की अपने हर दिन का फुल एन्जॉय और आनंद भरा जीवन और दिन का पूरा स्ट्रेस और डिप्रेशन को दूर कर देना।

राघव - हा बिल्कुल जब तुम्हें रोज़ जीना आए तो आनंद एक दिन के लिए इकट्ठा क्यों करो हर दिन को एन्जॉय करो और घर आने पर सारी चिंता से मुक्त हो जाओ क्योंकि जहाँ की चिंता है वही रखो और लेकर मत घूमो जब एन्जॉय का टाइम हो तो फुल एन्जॉय करो जिससे सारा स्ट्रेस कम हो जाए।

श्याम - तो राघव क्या तुम रोज़ बच्चों के साथ खेलते हो।

राघव - क्यों ना खेलूँ बच्चों के साथ क्योंकि मैं बड़ा हूँ ऐसा नहीं है मैं अभी बच्चा ही जब मुझे एन्जॉय ही करना है तो मैं सबसे पहले ये भूल जाता हूँ कि मैं बड़ा हो गया हूँ मैं तो उनके साथ बच्चा बनकर खूब मस्ती करता हूँ और वे मेरे साथ जिससे मेरी उनकी बहुत अच्छी गहरी दोस्ती है और बे सब मेरे साथ खुश हैं।

श्याम - अच्छा राघव तो क्या तुम्हे मेरी याद नहीं आई।

राघव - मुझे आई तो बहुत बार, मैंने कोशिश की मगर कोई सफलता नहीं मिली और जैसे मुझे तुम्हारे घर से खबर आयी, मैं दौड़ा चला आया यही होता है दोस्ती इसलिए मैं हमेशा अपने दोस्तों से किसी ना किसी रूप में उनसे टच में अवश्य ही रहता हूँ क्योंकि दोस्त की जगह कोई नहीं ले

सकता और हम उनसे जितना खुल सकते है इतना किसी से नहीं अपनी मन की बात कर सकते हैं और अपने दिल की सारी बातें उन्हें बता सकते हैं।

श्याम - बात तो तुम्हारी सही है जरूरत पे हमेशा दोस्त की याद आती है, अच्छा अब रात बहुत हो चुकी है तुम्हें भी सोना होगा अब बच्चे भी थक गए हैं खेलते खेलते अब मुझे जाने की इजाजत दो।

राघव - ठीक ऐसे हाँ मगर याद रखना कल मैं जाऊंगा इसलिए कल की तुम्हारी अंतिम शिक्षा मैं एअरपोर्ट पे दूंगा इसलिए तुम और भाभीजी के साथ बच्चों को जरूर लाना।

श्याम ठीक है अच्छा गुड नाइट।

"समय के निवेश में आपकी नीद आपके समय को बर्बाद नही करते बल्कि आपको कल के लिए ऊर्जावान और अपडेट करती है!"

"एक व्यक्ति को आराम तो करना चाहिए मगर आलसी बिल्कुल भी नहीं होना चाहिए"

4th Alarm - 10:00Am To 5:30Am

Time - 7.30hours

Day - 7

Invest Time to update yourself

आज राघव बहुत खुश था क्योंकि आखिर उसकी इतने दिनों की यात्रा मे सफलता जो पाई थी, उसने अपने दोस्त को जीवन का पाठ पढ़ाने के लिए किन किन का सहारा नहीं लिया आज वो अपने में बहुत खुश महसूस कर रहा था, अब उसे किसी भी तरह की कोई समस्या न थी और इसलिए उसने दोस्त के लिए खासतौर पे एक गिफ्ट भी ले रखा था जो उसे आज देगा।

श्याम भी बड़े दिनों से जिस उलझन में था आज उनकी सारी उलझनों का समापन हो गया क्योंकि उसे इतना अच्छा दोस्त जो मिला था, जो उसे जीवन सीखा रहा था और आज उसकी सीख का अंतिम दिन था, और उसे अगली बार मिलने को कहना भी था इसलिए थोड़ा उदास था। मगर वो भी क्या कर सकता था।

आज फिर अपने जीवन में अपने दोस्त की बताई बात पर आगे बढ़ा, बस अब अंतिम फोर्थ अलार्म की बारी थी कि कैसे इसे अपने जीवन पर लगाना है, और इसी कसमकस के बारे में बो सोच रहा था, कि आज फिर वही गाडी उसके दरवाजे पर खड़ी उसका इंतज़ार कर रही थी, श्याम उदास मन से नीचे उतरा और अपने फैमिली को साथ लेकर आया, क्योंकि उसे पता ही नहीं चला कि कब वो अस्पताल से आया कब वो ठीक हुआ, जीवन को सार्थक बनाने का इतना बड़ा ज्ञान उसके दोस्त ने उसे दे दिया है इस बात को सोच कर बहुत खुश और हैरान था मगर दोस्त की जाने का गम भी था।

श्याम - कैसे हो ड्राइवर अंकल।

ड्राइवर - बहुत अच्छा हूँ सर आप बैठिए राघव की फ्लाइट का टाइम हो रहा है, और वो आपका इंतजार कर रहे होंगे इसलिए जल्दी चलिए।

श्याम हाँ बिलकुल बिलकुल बिलकुल

वो सब गाड़ी में बैठ गए और फिर श्याम अपनी पुरानी यादों में खो गया कैसे दोस्ती में आपसी प्रेम और आज इतनी मदद भी भला कोई कर सकता है जो राघव ने मेरे लिए किया। जो पैसे से कही मायने रखती है।

ड्राइवर - अरे सर आप बहुत सोचते हैं वो देखो एअरपोर्ट आ गया है और राघव आपका इंतजार कर रहे हैं।

राघव - आओ मित्र आज मेरे जाने का वक्त है और तुम मुझ से खुश नहीं लग रहे हो, क्या बात है क्या मुझसे कोई गलती हो गयी है,

श्याम - नहीं नहीं तुमसे और गलती ऐसा हो ही नहीं सकता। बस राघव अब मुझे शर्मिंदा ना करो। ये तुमारा एहसान है मुजपे।

राघव - मेरे दोस्त ये मेरा फर्ज था, कोई काम थोड़ी नहीं, क्योंकि दोस्ती में कोई एहसान नहीं होता है।

श्याम - वो तो मुझे मालूम है कि काम नहीं था, प्यार था, अच्छा आज के दिन का तो ज्ञान तुम मुझे दे दो आज सातवाँ दिन है और मेरे 4th अलार्म के बारे में तुम बताने वाले थे।

राघव - 4th अलार्म हाँ इसका समय रात 10:00Am बजे से सुबह 5:30Pm बजे का है,और इसका मूल उद्देश्य है अपने शरीर को आराम देना अपनी चेतना को बिल्कुल मुफ्त छोड़ना जिससे जो कुछ तुमने दिन भर किया और सीखा है उस हिसाब से तुम्हारा शरीर ढल जाए, और इसका समय है 7.5 घंटे का एक पूर्ण नींद, जो तुम्हरे जीवन में कभी डिप्रेशन जैसी बीमारियों को नहीं आने देगी, और तुम्हारी मदद करेगी हमेशा तरोताजा और चुस्त फुर्तीला बने रहने में क्योंकि नींद तुम्हारी जितनी गहरी होगी उतनी ही सेहत तुम्हारी ठीक होगी।

श्याम - अच्छा पर मैंने तो हमेशा से ये सुना है, ज्यादा सोने से व्यक्ति हमेशा खोता हैं, और अपने जीवन में सफलता वही पाता है जो अपनी नींद को छोड़कर अपने काम पर ध्यान देता है।

राघव - तुम कैसी बातें कर रहे हो श्याम मुझे लगता है की तुम्हे अब तक मेरी बातें समझ में नहीं आई है, क्योंकि यदि तुम गड्ढा खोदने को काम करते हो तो ठीक है, भाई मत सो और गड्ढा खोदो नहीं तो अगर तुम साधना (कर्म के सिद्धांत) के अनुसार कर्म करोगे, तो हर रोज़ अपने कर्म के समय का निवेश करोगे तो रिज़ल्ट खुद ब खुद उत्पन्न होंगे सिर्फ अपने आप को टॉर्चर करने से नहीं, क्योंकि एक गहरी नींद सोने वाले व्यक्ति की क्षमता एक कम नींद लेने वाले व्यक्ति से कहीं ज्यादा होती है और हर व्यक्ति को नींद की निश्चित मात्रा की बहुत जरूरत है, अगर वो ऐसा नहीं करता तो पूरे दिन बस परेशान और चिड़चिड़ा रहता है और उसका काम में मन नहीं लगता, उसकी गलती करने का ज्यादा चांस होता है, इसलिए याद रखो एक स्वस्थ शरीर और स्वस्थ मन के अच्छी नींद कि बहुत जरूरी है, और इससे आपकी प्रोडक्टिविटी भी बढ़ेगी क्योंकि तुम्हारी नींद तुम्हे ज्यादा देर तक कार्य करने की क्षमता को बढ़ायेगी, और तुम्हें ज्यादा प्रोडक्टिव और स्मार्टली हर कार्य को करने में सक्षम बनाएगी।

श्याम - राघव तो ये बताओ आराम का क्या महत्त्व है, हमारे जीवन में क्या आराम भी उतना ही जरूरी है जितनी की नींद।

राघव - आराम जीवन कि वो अवस्था है जो हमें रोकने के लिए प्रेरित करती है, न कि सोने को न की, दोबारा ना करने को क्योंकि जब हम कोई काम बहुत गति से करते हैं, और हमारा शरीर उस अवस्था से तालमेल नहीं मिला पाता, तब वो हमें थोड़ा ठहरने के लिए कहता है ना की बिल्कुल रोकने के लिए क्योंकि आराम काम के बीच का ब्रेक जो आपको पुन ऊर्जावान बनाता है और आपको काम पूरा करने के लिए प्रेरित करता है, जैसे जब हम भागते हैं और भागते भागते थक जाते हैं तब हम थोड़ा रुककर खुद को ज्यादा ऊर्जावान महसूस करते हैं, और तेज तोड़कर अपनी यात्रा को पूरा करते हैं वैसे जब हम अपने जीवन में यात्रा करते हैं तो हमारा आराम करना हमें हारता नहीं बल्कि चार्ज कर देता है ज्यादा गति और ज्यादा ऊर्जा से

अपने उद्देश्यों को पूरा करने को इसलिए हर सवस्थ व्यक्ति को आराम की बहुत जरूरत है।

श्याम - क्या आलस्य भी नींद और आराम की तरह हमारे ऊर्जावान बनाता है।

राघव - आलस्य शत्रु हैं, आलस्य तुम्हारी उम्मीद हैं, आलस्य बिना कर्म का भविष्य द्रष्टा हैं, आलस्य शॉर्टकट को भटकता मन हैं, जबकि जीवन में कोई शॉर्टकट आपको सफलता नहीं दिला सकता, आलस्य जादू टोनबाज मन हैं, भविष्यवाणी पर उम्मीद करने वाला, हर किसी शॉर्टकट पर भरोसा वाला, हमे कभी आलसी नहीं चाहिए क्योंकि ये आपको सारे कामों को कल पर टालता है, आपने जीवन में करने वाले सभी कामों को दूसरों के द्वारा होता देखना चाहता है, आलसी कर्मकांड पर भरोसा करता है, क्योंकि वो कुछ करता तो नहीं इसलिए इस बात कि उम्मीद रखता है कि अगर उसकी किस्मत में होगा तो मिलेगा, जीवन में व्यक्ति को कभी भी आलस नहीं करना चाहिए क्योंकि आलस्य चबन्न्नी मन की तरह होता है, एक बार आपने कुछ करने का प्रण की लिया तो बो तुरन्त खर्च हो जाता हैं, सिर्फ आलस के कारण अपने आप को रोकना नहीं चाहें जीवन में कितना भी सोना आराम करना मगर कभी आलसी मत बनना क्योंकि आलस्य आपको हमेशा शुरू करने से रोकता है, और आपके जीवन का सबसे बड़ा शत्रु है, आपको हमेशा चुनौतियों से दूर भगाने के लिए प्रेरित करता है।

श्याम - राघव तो क्या होलीडे और विकेशन हमारी प्रोडक्टिविटी पे असर डालते है।

राघव - सुनो श्याम हॉलीडे और विकेशन का मतलब है, रुको थहरो सोचो फिर आगे निकल पड़ो कुछ पल के लिए ठहर जाओ, होने वाली चीज़ को ध्यान से देखो सोच समझ सको अपने आप को टाइम दो खुद का आंकलन करने के लिए क्योंकि मैंने पहले बताया जितना आप आराम करेंगे आपको उतनी शक्ति मिलेगी, पुनः अपने काम को पूरा करने की, पुनः सोचने की कोशिश। एक ही जीवन है, इसी में सब कुछ करने का अनुभव बनाओ और खुद को मजबूत करने के लिए समय निकालो क्योंकि समय हमें सोचने का

समय देता है और हमारे जीवन में हमेशा पॉज़िटिव परिणाम देता है, और जब हम होलीडे या वेकेशन पर कही जाते है तो खुद को तरोताजा और अपडेट करते है।

राघव - मेरे दोस्त श्याम मैंने तुम्हें सात दिनों तक सारा जीवन बता दिया, और अब याद रखना कि मैं तुम्हारा दोस्त हूं मैं हमेशा तुम्हारे साथ हू, और ये लोग लंदन की टिकट, तुम अपनी पूरी फैमिली एक साथ एक हफ्ते के लिए एन्जॉय करो, अपनी भरपूर लाइफ जियो और वापस आकर जैसा मैंने बताया अपने समय में निवेश करके एक बेहतर और पूर्ण जीवन की ओर अग्रसर होना और भरपूर जीवन को जीना क्योंकि सब कुछ एक ही जीवन में करना है।

इतने दिनों से रुके रुके श्याम आज खुद को रोक न पाया और अपने दोस्त को गले लगाकर रोने लगा।।।।।

www.ingramcontent.com/pod-product-compliance
Lightning Source LLC
LaVergne TN
LVHW041236150826
845673LV00008B/2396